AF337051

35833

CENTIMES LA LIVRAISON de 32 pages.
90
CENTIMES LE VOLUME de 260 à 300 pages
LES GRANDS DRAMES
COUR D'ASSISES
PAR NOS MEILLEURS AUTEURS
RÉDACTEUR EN CHEF
JULES DE GRANDPRÉ
ARTHÈME FAYARD, éditeur, 48, rue des Saints-Pères, à Paris.

LES
GRANDS DRAMES

DE LA

COUR D'ASSISES

PRIX DE L'ABONNEMENT

PARIS

Un an : 52 n°ˢ formant 6 *volumes* de 300 p.   **5 50**
Six mois : 26 numéros formant 3 *volumes*.   **3 »**

DÉPARTEMENTS

Un an : 52 n°ˢ formant 6 *volumes* de 300 p.   **6 50**
Six mois : 26 numéros formant 3 *volumes*.   **3 50**

Pour s'abonner, envoyer un mandat-poste ou des timbres-poste à M. l'Administrateur des *Grands Drames de la Cour d'Assises*, 49, rue des Noyers, à Paris.

Paris, impr. Morris et Comp., rue Amelot, 64.

LE CURÉ

DELACOLLONGE

PAR

DE LA BRUGÈRE

LE CURÉ DELACOLLONGE

I

« Le célibat chrétien, a dit Jean de Damas, est une imitation des saints anges. »

Cette *angélomanie* a fait des saints, — nous ne le mettons pas en doute, — mais elle a fait des fous et des monstres.

Entre cent... entre mille, l'histoire que nous allons raconter prouve la vérité de notre assertion.

« Vous serez semblablés à des anges.... »

Ce conseil ambitieux nous rappelle celui du serpent de la Genèse : « Vous serez semblables à Dieu. »

Dans l'un et l'autre cas, il s'agit d'être plus que des hommes ; quand être homme, selon tous les devoirs que la nature et la société nous imposent, est déjà si difficile !...

« Ne forçons point notre talent... » dit La Fontaine.

Aux vertus naturelles joindre une vertu surnaturelle, et, sans appartenir à la secte odieuse des mutilés russes, remplir tous les devoirs du vœu de chasteté que prononcent les prêtres de l'Église romaine, nous paraît.... effrayant.

Nous avons, à plusieurs reprises, plongé nos regards

dans cet abîme que l'on nomme le célibat des prêtres, et chaque fois nous en avons été épouvantés...

La religion nous enseigne que la grâce de Dieu plane au-dessus de l'abîme et soutient ses fidèles...

Oui, mais combien ont perdu la grâce de Dieu !...

Puis chez combien le miracle se fait-il ?

Chez combien Dieu réagit-il contre ses lois universelles pour sa plus grande glorification ?

Statistique impossible.

Et quand aurons-nous la liberté de dresser la statistique contraire et de compter les victimes du célibat chrétien ?

Ah ! nous ne le savons pas.

Et pour le moment nous devons nous contenter de raconter les histoires, presque contemporaines, et déjà légendaires, des Mingrat et des Delacollonge.

II

Mingrat, nous avons dit ce que nous en pensons, c'était un monstre.

Delacollonge était un homme.

Nous allons raconter simplement sa vie. Simplement... mais non sans émotion ; car il nous semble que le drame horrible du 24 août 1835 s'est accompli hier et qu'il peut se répéter demain.

Il nous semble avoir entendu à l'audience de la cour

d'assises de Beaune ce misérable révélant : — comment,
sans le couloir, il étrangla sa maîtresse et se trouva ré-

Delacollonge.

duit, pour faire disparaître le cadavre de celle qu'il avait
a dorée, à le dépecer comme avait fait Mingrat.

Quel récit !... quels détails affreux !... On croit entendre le coutelas et la serpe trancher dans les chairs, briser les articulations...

La douleur de Delacollonge est poignante, une sueur froide baigne son front pâle ; l'auditoire est saisi d'horreur...

Oh ! le malheureux, comme il l'aimait !...

. . . .

Jean-Baptiste Delacollonge naquit en 1797, à Bagnole (Rhône), de parents pauvres, mais honorables.

Dans le double but de lui donner de l'instruction et de le soustraire à la conscription, on le fit admettre au petit séminaire, où, par sa piété, son assiduité au travail et son intelligence, il obtint une bourse entière et termina gratuitement ses études.

Rentré chez ses parents, il hésita quelque temps à se faire prêtre.

C'était alors un beau jeune homme à la taille élancée et robuste, à la tournure élégante. Ses traits accentués et réguliers, ses grands yeux noirs respiraient une franchise sympathique.

Il eût fait un officier distingué, un bon cultivateur peut-être, bien qu'il eût désappris le dur travail des champs.

Mais l'Empire venait de s'écrouler ; il était trop tard pour suivre la carrière des armes ; et, sans fortune, il ne pouvait songer aux carrières libérales.

Il entra au grand séminaire et se fit prêtre.

La fortune parut d'abord lui sourire.

Estimé de ses supérieurs, au lieu d'être envoyé dans un village obscur, il fut nommé vicaire de la paroisse de l'église Saint-Pierre à Lyon.

Cette position lui assurait une aisance dorée et une indépendance plus précieuse que la fortune.

Mais cette indépendance même, au sortir d'une vie soumise à la discipline et aux privations, n'était-elle pas un danger pour un jeune homme de vingt-quatre ans ?

Entouré de tentations, il lutta d'abord, puis, comme tant d'autres, captif de sa croyance, attiré violemment par les désirs, ne pouvant ni vivre enfermé dans la règle ni abandonner celle-ci, il crut tout concilier en allongeant sa chaîne.

Il l'allongea peu à peu ; sa piété fit à son humanité des concessions successives.

Un soir, dans une rue déserte qu'il traversait pour regagner Saint-Pierre, il fut accosté par une fille.

Cette fille, nommée Adélaïde Ripet, gourgandine effrontée, lui dit qu'elle sortait du théâtre, et le pria de l'accompagner chez elle.

Elle était assez jolie ; il était en laïque ; il n'eut pas le courage de lui refuser.

Cette défaillance devait lui coûter cher.

Il fut chez elle.

Il lui avoua sa qualité de prêtre.

Et depuis cette fille, forte du secret qu'elle possédait,

le guetta, l'obséda au point de le compromettre, au point, malgré le dégoût que lui inspirait une telle liaison, qu'il dut un soir la recevoir chez lui.

Plus tard, Adélaïde Ripet est devenue un témoin à charge.

En attendant, pour se venger.des dédains du beau vicaire de Saint-Pierre, elle ne manqua point de lui faire une détestable réputation dans le monde interlope qu'elle fréquentait.

Nous en verrons bientôt les conséquences.

Peu de temps après la funeste rencontre d'Adélaïde Ripet, deux ans après son arrivée à Lyon, Delacollonge remarqua un soir dans un magasin de modes, une jeune ouvrière dont la beauté parfaite, l'air de modestie et d'honnêteté firent en lui une impression profonde.

Cette radieuse et charmante figure s'imposa à son souvenir, et jour et nuit ne lui laissa plus de repos.

Il n'était pas un débauché.

En cette jeune fille il crut voir la femme qu'il eût choisie s'il n'avait été prêtre : — belle, travailleuse et honnête.

Aussi ne passa-t-il plus devant le magasin de modes, redoutant les entraînements d'une passion sincère.

Il espéra l'oublier, il pria, il lutta...

Mais ses prières ne furent pas exaucées.

La Providence le soumit à une épreuve nouvelle.

Un jour, celle qu'il fuyait vint s'agenouiller à son confessionnal.

Cette jeune fille qu'il redoutait d'entrevoir à travers la vitre d'un magasin vint s'agenouiller près de lui, incliner près de lui sa tête d'ange et lui ouvrir son cœur... lui révéler les secrets de sa conscience, non moins candide, non moins radieuse que sa beauté.

Il lui fallut ensuite prendre la parole, la réprimander pour telle faute légère, lui parler de la bonté de Dieu.

Quelle épreuve et comment résister aux charmes d'une telle situation ?

Nous avons dépeint ailleurs les dangers de la confession auriculaire; pour cette fois cédons la parole à Paul-Louis Courier :

« Il s'entend déclarer à l'oreille, dit-il, par une jeune femme, ses fautes, ses passions, ses désirs, ses faiblesses, recueille ses soupirs sans se sentir ému, et il n'a pas vingt-cinq ans !

» Confesser une femme ! imaginez ce que c'est. Tout au fond de l'église une espèce d'armoire, une guérite, dressée contre le mur exprès, où ce prêtre, non Mingrat, mais quelque jeune homme de bien, je le veux, sage, pieux, comme j'en ai connu, homme pourtant, et jeune (ils le sont presque tous), attend le soir, après vêpres, sa jeune pénitente qu'il aime.

» Elle le sait, l'amour ne se cache point à la personne aimée.

» Vous m'arrêterez là : son caractère de prêtre, son éducation, son vœu...

» Je vous réponds qu'il n'y a vœu qui tienne, que tout curé de village sortant du séminaire sain, robuste et dispos, aime, sans aucun doute, une de ses paroissiennes.

» Cela ne peut pas être autrement.

» Et si vous contestez, je vous dirai bien plus :

» C'est qu'il les aimes toutes, — celles de son âge du moins.

» Mais il en préfère une qui lui semble sinon plus belle que les autres, plus modeste et plus sage et qu'il épouserait.

» Il en ferait une femme vertueuse, pieuse, n'était le pape.

» Il la voit chaque jour, la rencontre à l'église ou ailleurs, et, devant elle assis aux veillées de l'hiver, il s'abreuve imprudent ! du poison de ses yeux.

» Or, je vous prie, celle là, lorsqu'il l'entend venir le lendemain, qu'il reconnaît ses pas, et qu'il peut dire : — C'est elle ! — que se passe-t-il dans l'âme du pauvre confesseur ?

» Honnêteté, devoirs, sages résolutions, ici servent de jeu, sans une grâce du ciel toute particulière.

» Je le suppose un saint :

» Ne pouvant fuir, il gémit apparemment, il soupire, se recommande à Dieu ; mais si ce n'est qu'un homme, il frémit il désire, et déjà, malgré lui, sans le savoir peut-être, il espère.

» Elle arrive, se met à genoux, à genoux devant lui dont le cœur saute et palpite...

» Vous êtes jeune, monsieur, ou vous l'avez été ; que vous semble, entre nous, d'une telle situation ?

» Seuls, pour la plupart du temps et n'ayant pour témoins que ces murs, que ces voûtes, ils causent : de quoi ?...

» Hélas ! de tout ce qui n'est pas innocent.

» Ils parlent, ou plutôt ils murmurent à voix basse, et leur bouche s'approche, leur souffle se confond.... Et cela dure une heure ou plus, et se renouvelle souvent.

. . . .

» Voyez s'il était possible de réunir jamais en une même personne deux choses plus contraires que l'emploi de confesseur et le vœu de chasteté ; quel doit être le sort de ces pauvres jeunes gens entre la défense de posséder ce que la nature les force d'aimer et l'obligation de converser intimement avec ces objets de leur amour.

» Si enfin ce n'est pas assez de cette monstrueuse combinaison pour rendre les uns forcenés, les autres, je ne dis pas coupables, car les vrais coupables sont ceux qui, étant magistrats, souffrent que de jeunes hommes confessent de jeunes filles, mais criminels et tous extrêmement malheureux. »

En écrivant ces lignes pleines de bon sens et surtout celles-ci, d'une profondeur si remarquable :

« Il en préfère une modeste, sage dont il ferait une épouse vertueuse, *pieuse*, n'était le pape, »

Paul-Louis Courier ne semble-t-il pas avoir deviné Delacollonge ?...

Cet éloquent plaidoyer en faveur de la raison était écrit au sujet de Mingrat ; mais il avait prévu l'objection de monstruosité que le cas de cette brute devait soulever.

Et de Mingrat *idéalisé*, il a, douze ans d'avance, pressenti et imaginé Delacollonge.

III

Le jeune vicaire raisonna comme il suit :

« J'aime cette jeune fille. J'ai le choix entre deux partis : ou céder à ma passion ; ou me rendre à l'archevêché, confesser à monseigneur l'état de mon âme, le supplier de m'envoyer, non à quelques lieues d'ici, mais aux missions étrangères, en Océanie, au Japon ou en Chine.

» Si je reste ici, un jour ou l'autre, cette jeune fille sera ma maîtresse. »

Il resta.

Et cette décision prise, il ne songea plus qu'à se faire aimer de la jeune ouvrière.

Un soir il l'attendit à la sortie du magasin et la suivit.

Puis, lorsqu'il se vit sans témoins, se rapprochant d'elle peu à peu :

— Mademoiselle, lui dit-il, où allez-vous si vite ?

Elle eut peur et voulut passer de l'autre côté de la rue.

— Ne craignez rien de moi, reprit Delacollonge.

Elle le regarda et se rassura aussitôt en se disant :

— C'est un prêtre.

Elle ralentit le pas.

— Vous demeurez bien loin de votre magasin ; n'avez-vous donc personne qui vous accompagne d'habitude ?

— Non, monsieur.

— Ni parents ni ami ?

Elle garda le silence.

— Mais votre mère ?

— Ma mère travaille à l'autre bout de la ville, monsieur, elle vient de rentrer, et à cette heure elle m'attend.

— Vous vivez seule avec elle ?

— Oui, monsieur.

— Vous devez lui apporter, chaque samedi, une bonne semaine ?

— Oh ! monsieur, bien que je sois assez habile ouvrière et que je travaille beaucoup, je gagne à peine de quoi me suffire à moi-même.

— Vous m'intéressez, reprit Delacollonge avec un accent de sincérité qui surprit la jeune fille ; comment vous nommez-vous ?

— Fanny Besson.

— Eh bien ! Fanny, je veux parler à votre mère.

Peu après, la jeune modiste s'arrêta devant une allée étroite et obscure.

— C'est ici que nous habitons, dit-elle.

— Entrez, je vous suis.

— Mais, c'est que nous demeurons bien haut.... au sixième.

— N'importe.

Après une longue ascension, Fanny appela sa mère, qui, une chandelle à la main, apparut aussitôt sur le palier.

La surprise de cette dernière fut grande à la vue du jeune prêtre, et celui-ci fut tout d'abord frappé de la pauvreté et de la physionomie grossière de la mère de Fanny.

— Maman, dit la jeune fille, voici M. le vicaire de Saint-Pierre qui a eu la bonté de m'accompagner jusqu'ici et qui désire s'entretenir avec vous

— Entrez, monsieur l'abbé, je vous en prie ; mais je suis toute honteuse de vous recevoir dans un si pauvre logis, rien n'est rangé, rien n'est en ordre, j'arrive de mon atelier...

— C'est ce que votre fille vient de m'apprendre, ma chère dame ; je lui faisais observer qu'il n'était pas prudent de revenir seule et si tard par des rues presque désertes.

Et tout en observant l'impression que produisaient ses paroles, il poursuivit :

— Je m'intéresse vivement à votre fille, qui est ma pénitente, et je tremble à la pensée des dangers qu'elle peut courir en revenant seule ainsi chaque soir.

— Que voulez-vous, monsieur l'abbé, on ne fait pas comme on veut. Mais Fanny est assez grande pour se défendre si elle était attaquée par de mauvais sujets.

— Mais, mademoiselle Fanny est en âge de s'établir, elle est jolie, sage, laborieuse, vous n'êtes sans doute pas en peine de lui trouver un bon parti ?

— Fanny, répondit la mère, n'a pas encore seize ans, et il sera plus difficile que vous ne le pensez de lui trouver un mari. Ce n'est pas assez d'être jolie et laborieuse, il vaudrait mieux une bonne dot. Puis, son état exige de la toilette et s'oppose à ce qu'elle tienne un ménage. La plupart des ouvriers ne s'en accommoderaient pas, et quant aux employés, ils sont trop fiers pour épouser des ouvrières sans le sou. Si monsieur le vicaire était assez bon pour s'intéresser au sort de ma chère Fanny ?

— J'y songerai, répondit Delacollonge, je vous le promets; venez me voir le matin chez moi, place Saint-Pierre, et nous en causerons.

Sur cette promesse, il prit congé de la veuve Besson et de sa fille.

Le dimanche suivant, après la messe, la mère de Fanny se rendit chez le vicaire de Saint-Pierre, qui l'attendait avec impatience. Il avait deviné que cette dernière était d'un caractère cupide et d'une moralité peu scrupuleuse, et il ne doutait point d'obtenir d'elle, à prix d'argent, tout ce qu'il désirait.

— Voyons, lui dit-il, nous avons réfléchi l'un et l'autre, et je suis presque certain que nous nous comprendrons. Comme ouvrière, votre fille ne gagne pas assez et trouvera difficilement à se marier après avoir couru les dangers auxquels sont exposées toutes les filles jeunes, jolies et pauvres.

Il faudrait, pour la tirer d'embarras, lui trouver un fonds, un petit magasin où elle serait à son compte... où elle serait chez elle...

La veuve Besson ouvrit de grands yeux.

Delacollonge ajouta :

— Et où vous seriez chez vous... En définitive, si elle se mariait aujourd'hui, êtes-vous sûre que vous pourriez vivre chez votre gendre?

— Non, monsieur l'abbé, répondit la veuve; mais comment acheter le fonds dont vous parlez?

— Combien cela coûterait-il?

— Je ne sais pas au juste.

— Deux à trois mille francs, peut-être?

— On en trouverait pour ce prix-là. Oh! si vous pouviez aider ma fille à s'établir, monsieur l'abbé, nous vous en garderions une éternelle reconnaissance.

— Je veux m'en occuper; mais vous comprenez la prudence et la discrétion qu'exige mon état?... Il est inutile de vous dire que je compte d'abord sur le plus profond secret, ensuite que je ne puis me charger d'aller à la recherche d'un magasin de modes. C'est vous que ce soin regarde.

Ne craignez rien de moi, dit Delacollonge. (Page 13.)

— Puis-je en parler à ma fille ?

— Oui, si elle est discrète.

— Ah ! monsieur, n'en doutez pas !...

— Eh bien ! je m'engage à vous fournir la somme nécessaire. Mais prenez garde de vous vanter. Que rien ne transpire de ce projet ; vous me compromettriez et vous perdriez l'avenir de votre enfant.

IV

La veuve Besson fit part à sa fille des offres généreuses du vicaire de Saint-Pierre, sans lui toucher un seul mot des prétentions qu'elle croyait avoir devinées.

Nous laissons à penser la joie naïve de Fanny.

Les deux femmes vivaient très-retirées. Leurs affaires étaient peu connues. Elles purent, sans éveiller l'attention, chercher dans un quartier éloigné de celui qu'elles habitaient une boutique et un logement modestes.

Le tout était à prendre pour deux mille francs.

Les revenus du vicaire de Saint-Pierre s'élevaient à peine au double de cette somme, mais Delacollonge savait déjà où en emprunter une partie.

Au moment de conclure, la femme Besson et lui eurent une explication décisive, de laquelle il résulta que l'abbé s'engagerait à verser entre les mains de Fanny une somme de deux mille francs, remboursables en huit années et sans intérêts, et d'autre part qu'il serait reçu chez elle secrètement et quand il lui plairait.

Le magasin de modes fut acheté.

Cependant quelques entrevues avaient été ménagées entre le jeune vicaire et la jolie modiste, et celle-ci, peu à peu, se rendit à la tendresse passionnée de son amant.

Elle ignorait l'entente secrète de celui-ci avec sa mère, et n'avait vu dans l'achat du fonds de commerce qu'un acte de générosité.

Ces amours, entourées de mystères, eurent dix années d'un bonheur sans nuage.

Mais soit que Delacollonge se relâchât de sa prudence, soit qu'il eût été épié par la fille Ripet, et que celle-ci eût voulu se venger de ses dédains, vers 1829 il se trouva, sans savoir comment ni pourquoi, en butte à la médisance.

Sa réputation devint détestable.

Des filles publiques l'arrêtaient en pleine rue.

Et comme ses relations avec Fanny étaient encore ignorées, il semblait qu'un ennemi secret et implacable s'était acharné à le diffamer et à le perdre.

C'est d'ailleurs ce qu'il donna à entendre plus tard.

Une fille, connue à Lyon sous le surnom de *l'Alsacienne*, poussa l'audace jusqu'à venir le trouver un jour à l'église Saint-Pierre.

Elle lui dit qu'elle avait été amenée de Strasbourg par un commis-voyageur qui la maltraitait, qu'elle était abandonnée et sans ressources. Il l'engagea à chercher de l'emploi, et la congédia froidement.

Elle revint à la charge et osa se présenter chez lui. Il lui interdit sa porte. Une dame qui l'avait vue avertit Delacollonge que c'était une femme de mauvaise conduite.

Cependant celle créature, dans le but évident de faire du scandale, vint un jour en cabriolet jusqu'à sa porte en compagnie d'un officier.

Cette fille était sans doute payée pour le perdre.

Enfin, averti par le bruit public, le maire de Lyon, M. Delacroix-Delaval, manda chez lui le jeune vicaire, l'avertit des dangers que courait sa réputation et le pria de lui expliquer les causes du scandale.

Delacollonge se justifia facilement ; mais il fallait une satisfaction à l'opinion publique, et le vicaire général de l'archevêché lui demanda sa démission.

Il quitta Lyon et se retira chez ses parents.

Cette disgrâce fut la cause de tous ses malheurs.

V

Quelques mois plus tard, on lui offrit la cure de Briesmon dans le département de la Loire.

Il remercia,

Alléguant qu'il désirait ne pas changer de diocèse, mais en réalité retenu par la crainte de s'éloigner de Lyon.

On lui offrit alors une place de professeur au collége de Toiney.

Il accepta.

Mais la réputation de mauvais prêtre l'avait déjà précédé à Toiney, et bien qu'on lui eût conservé ses pouvoirs ecclésiastiques, il fut accueilli avec une visible méfiance.

Le pensionnat ayant fait venir une lingère, il fut bientôt soupçonné d'avoir des relations avec elle.

Au bout de l'année scolaire, il donna sa démission et obtint la cure de Neuville.

N'espérant plus rentrer à Lyon, il écrivit à Fanny de venir le voir à Neuville.

Elle accourut.

Mais à Neuville comme à Toiney, l'opinion publique était déjà prévenue et indisposée contre l'ancien vicaire de Saint-Pierre. Les visites de Fanny trop souvent renouvelées firent scandale.

Delacollonge dut pour la seconde fois demander son changement, et fut envoyé à Sainte-Marie-la-Blanche, près de Beaune.

Son installation à Sainte-Marie se fit sous les plus heureux auspices.

Sa physionomie sympathique, sa parole facile, le zèle exempt de bigoterie avec lequel il remplissait tous ses devoirs, le firent tout d'abord aimer de ses nouveaux paroissiens.

M. Poupon, riche cultivateur, maire de la commune,

l'invita à descendre chez lui et à y demeurer jusqu'à ce qu'il eût reçu ses meubles et que le presbytère fût prêt à le recevoir.

Les revenus de la cure étaient supérieurs à ceux de Neuville.

La commune et une annexe allouaient au curé un supplément de trois cents francs, ce qui, avec le casuel, élevait les revenus de ce dernier à dix-huit cents francs environ.

Mais ce premier retour de la fortune aveugla Delacollonge.

Fort de l'estime et des sympathies des habitants de Sainte-Marie, il conçut le projet audacieux de renouer ses relations avec Fanny et de l'établir dans la commune.

Bientôt il la présenta comme sa cousine à une vieille dévote, mademoiselle Martin, et la pria de lui donner l'hospitalité pendant quelques mois.

Mademoiselle Martin y consentit avec empressement, et les deux amants y recouvrèrent la paix et le bonheur qu'ils avaient goûtés à Lyon.

Mais ce subterfuge ne pouvait longtemps durer.

On devait apprendre que le curé de Sainte-Marie n'avait pas de cousine, et, bientôt, d'ailleurs, trompés par la fausse sécurité dont ils jouissaient, Delacollonge et Fanny Besson perdirent toute prudence et achevèrent de se compromettre.

La demoiselle Martin refusa de garder Fanny plus longtemps chez elle, et le maire crut devoir avertir le curé des bruits fâcheux qui nuisaient à sa considération.

Delacollonge remercia le maire et lui promit de ne plus recevoir sa parente au presbytère.

On était alors en 1832,

Trois ans avant la catastrophe qui devait amener le curé de Sainte-Marie-la-Blanche devant la Cour d'assises de Dijon.

Depuis quelques mois, ce dernier avait suspendu ses relations avec sa maîtresse, lorsqu'il reçut d'elle une lettre où elle lui disait que, pendant son absence, son petit commerce avait périclité entre des mains étrangères et qu'il ne lui restait d'autres ressources que de vendre, afin de payer ses dettes et subvenir à ses besoins pendant quelque temps.

« Mais, ajoutait-elle, un malheur plus grand m'est réservé. Il m'en coûte de te l'apprendre; je crains de te désespérer, et je fais appel à toute ton énergie. Je suis enceinte!... »

Delacollonge ne se laisse point abattre par cette nouvelle épreuve.

Il envoie à Fanny le peu d'argent qu'il possède, et lui écrit pour la consoler et l'engager à venir habiter Châlons.

« Là, lui disait-il, nous sommes inconnus, et je pourrai aller te voir souvent.

VI

Quelques jours plus tard, vêtu en laïque, il se rendit à Châlons, au-devant de sa maîtresse, et ils louèrent un petit logement sous le nom de Desgarennes.

Ils se disaient frère et sœur.

Cependant, des soupçons s'étant élevés, ils quittèrent Châlons pour Dijon, où Fanny, sous le nom de madame Desgarennes, descendit dans un hôtel meublé tenu par la dame Valot.

Elle se disait mariée à un commis-voyageur de Lyon et brouillée avec son mari.

Bien loin d'être suspects, ils étaient, à Dijon, entourés de l'estime générale; et l'amitié, le dévouement de M. Desgarennes pour sa sœur excitaient même l'admiration de la dame Valot et des gens de sa maison.

Le 12 février 1835, Fanny mit au monde un enfant : mais cet enfant n'était pas viable et mourut peu d'instants après sa naissance.

Cependant ces voyages répétés, l'entretien de Fanny, les soins qu'exigeait sa santé gravement compromise avaient épuisé les faibles ressources du curé de Sainte-Marie.

Enfin un jour il apprit que le pharmacien refusait de faire plus longtemps crédit.

Le désespoir s'empara de lui.

Il perdit la tête.

Il fractura la caisse de la fabrique et vola deux cent quatre-vingt-cinq francs.

C'était un acte insensé, car lui seul pouvait être accusé de ce vol.

Le maire, ayant été averti par le sacristain, devina de suite qui était le coupable. Il engagea le sacristain à ne rien dire, et se rendit au presbytère :

— Monsieur le curé, dit-il, il faut éviter le scandale. Nous garderons le secret de cette affaire, *mais il faut que cet argent se retrouve* d'ici à quelques jours!...

Delacollonge emprunta la somme à un de ses confrères et le pria de la lui envoyer par la poste.

L'affaire fut étouffée.

Cependant Fanny revenait lentement à la santé, et malgré le dernier sacrifice de son amant, était menacée de manquer de pain... Que faire?... Le crédit de l'hôtel était épuisé, et elle était trop faible pour chercher du travail...

Depuis longtemps déjà Delacollonge n'avait plus eu le moyen de venir la voir.

Après d'anxieuses hésitations, elle se décida à lui écrire la situation désespérée dans laquelle elle se trouvait.

Mais lui aussi était sans argent et sans crédit.

Un moment il pensa à renoncer à l'état ecclésiastique, à fuir avec Fanny à Paris ou à l'étranger... Mais encore pour réaliser ce cruel expédient lui fallait-il de quoi vivre et payer le voyage...

Il n'avait rien !

Il répondit à sa maîtresse :

« Je ne puis t'offrir qu'à partager mon toit et mon pain. Quitte Dijon, viens à Sainte-Marie ; mais pour échapper à la malveillance, tu n'entreras au village qu'entre minuit et une heure. J'irai au-devant de toi. »

Fanny n'hésita point à se rendre à son invitation.

Elle arriva à Sainte-Marie dans la nuit du 7 au 8 août.

Delacollonge l'attendait à quelque distance du village.

Il avait prévenu sa servante, vieille fille qui lui était sincèrement dévouée et qui, jusqu'au jour des assises, crut que Fanny était la cousine de son maître.

— Ma cousine, lui avait dit celui-ci, est sans logement et sans pain ; la charité me fait un devoir de l'abriter sous mon toit, jusqu'à ce que j'aie fait quelques économies, ou que je me sois procuré de l'argent.

Françoise promit de garder le secret, et Fanny fut cachée dans une chambre du premier étage dont les volets, bien qu'ils donnassent sur la campagne, restèrent fermés nuit et jour.

Le mobilier du curé n'était pas riche.

Ce dernier porta dans la chambre de Fanny l'unique fauteuil qu'il possédât, et avec quelques planches et un matelas de on lit lui composa un coucher.

Chaque jour Françoise portait sa nourriture à la pauvre recluse, dont la santé dépérissait à vue d'œil.

Cette infortunée lui faisait pitié; mais cependant elle formait des vœux ardents pour que son séjour ne se prolongeât point à la maison curiale.

Elle tremblait à la pensée du danger que son maître courait, et n'était pas non plus sans inquiétude sur son propre sort; car on l'aurait naturellement considérée comme complice de Delacollonge.

Quinze jours s'étaient écoulés sans amener aucun changement dans cette situation.

Françoise, de plus en plus alarmée, n'entrevoyant aucun dénoûment, imagina de sauver son maître malgré lui.

Elle savait que le maire était intelligent et bon, elle résolut d'aller le trouver et de lui révéler le séjour de Fanny Besson au presbytère.

Elle le prit à part, et, après lui avoir fait l'éloge le plus sincère des vertus de son maître et lui avoir dit combien elle l'aimait, elle lui confia le secret dont sa conscience était tourmentée.

— Ne leur faites pas de peine, ajouta-t-elle, car ils sont tous deux bien malheureux, et ne dites pas à M. le curé que c'est moi qui vous l'ai dit.

Le soir, après l'*Angelus*, lorsque Delacollonge sortit de l'église, M. Poupon l'aborda.

— Monsieur le curé, lui dit-il, un mot, je vous prie.

— Parlez, monsieur le maire.

— Je viens d'apprendre que votre cousine est à la cure.

— Comment, monsieur? qui vous a dit cela?

— Je le tiens de source certaine. Elle est chez vous depuis plusieurs jours. Il faut la renvoyer.

Et sur ces mots il s'éloigna, dédaignant d'entendre les protestations du curé.

Celui-ci demeura un moment anéanti de surprise et de douleur.

Comment le maire savait-il son secret?

Ses soupçons se portèrent sur sa servante.

Il se souvint qu'elle était allée chez le maire.

Il rentra le cœur navré.

Fanny fut tout d'abord effrayée de sa pâleur.

— Qu'avez-vous? lui demanda-t-elle.

— Laissez-moi! répondit-il avec impatience.

— Mais vous souffrez! qu'avez-vous? je vous en prie.

Mais Françoise était là et il ne pouvait répondre devant elle.

— Encore une fois, vous m'ennuyez, répondit-il brusquement.

Fanny se retira les larmes aux yeux.

— Vous mettrez la table dans ma chambre, Françoise, dit Delacollonge.

Pendant ces préparatifs, il demeura pâle et morne.

Fanny osait à peine l'interroger du regard.

Le repas fut silencieux.

Françoise y assistait.

Lorsqu'il fut terminé :

« Ma chère amie, dit-il enfin, ma tristesse t'effraye et
ma brusquerie te surprend et te froisse, c'est que le
malheur vient de nouveau s'abattre sur nous et que
j'avais besoin d'être seul avec toi pour t'ouvrir mon
cœur.

» Apprends donc que nous sommes trahis. Le maire
vient de me parler. Il m'a dit qu'il était instruit de ton
séjour ici et qu'il exigeait ton départ.

» Je lui ai demandé qui lui avait dit un pareil men-
songe.

» Je le tiens de source certaine, m'a-t-il répondu en
s'éloignant.

» Et je me suis rappelé que ce matin Françoise est allée chez lui sous je ne sais quel prétexte.

— Il faut donc, ma pauvre Fanny, nous résoudre à
une séparation nouvelle.

— Oh ! c'est affreux !... soupira Fanny.

Puis bientôt s'efforçant de dominer sa douleur :

— Quand partirai-je ? demanda-t-elle.

— Le plus tôt sera le mieux. Je suis mal avec le maire.
Un jour de retard nous perdrait.

— Quoi ! je partirai aujourd'hui ?...

— Oui, ce soir même, il le faut. Nous irons sur la
route attendre la diligence de Beaune qui passe vers dix
heures. Demain, j'irai te dire adieu, et tu partiras ensuite
sur Châlons.

Fanny ne fit aucune objection.

Elle ne lui demanda pas même : A Châlons que deviendrai-je ?

Elle se résigna.

La journée fut fort triste.

Il pleuvait depuis plusieurs jours, le temps s'était refroidi, et Fanny, tout en rangeant ses effets dans une petite malle, toussait beaucoup.

Elle était atteinte d'un catarrhe pulmonaire.

Delacollonge dit à Françoise de faire du feu dans chambre.

Puis il fit à son tour ses préparatifs de départ.

Il se dépouilla de ses habits ecclésiastiques et revêtit des habits séculiers.

Le soir vint.

Fanny, fatiguée, se jeta sur son lit.

Ce lit était, comme nous l'avons dit, formé d'un matelas, supporté par une vieille porte placée sur quatre chaises.

Quelques instants après Delacollonge voulut se reposer près d'elle, mais les planches, probablement pourries se rompirent sous lui.

Ils se levèrent.

Fanny se tint debout devant la cheminée ; son amant toujours sombre et désolé, se promenait dans la chambre.

Ils parlèrent de l'amertume de leur séparation prochaine.

Le vent d'orage fouettait la pluie contre les volets.
Fanny frissonnait.

— Tu as froid, dit Delacollonge.

— Oui ; cette pluie... et aussi...

Elle s'interrompit et soupira : — Grand Dieu !...

— Il ne faut pas nous laisser abattre, reprit Delacollonge avec douceur. Et reprenant : Je ne puis te dire que j'entrevois une fin à nos misères...

Non, ajouta-t-il d'un accent navré, je ne le puis...

— Il n'en est qu'une, dit Fanny accablée, c'est la mort !

— N'est-ce pas que la mort est préférable à une telle existence ?

— Oh ! oui !

Après un silence, pendant lequel leur pensée mesura l'abîme entrevu :

— La vie ! soupira Delacollonge, si je pouvais recommencer ma vie !... Si je pouvais, jeune, libre, te rencontrer de nouveau sur mon chemin, ouvrier, domestique, mendiant, mais libre !... Libre !...

J'ignorais tout quand je me fis prêtre...

Pourquoi suis-je prêtre ?...

La révolte, le mépris contractaient son visage et donnaient à ses paroles une indicible âpreté.

— Comment, à vingt ans, pour une robe noire, pour quelques écus, ai-je renoncé à être un homme ?... Et pourquoi, devenu prêtre, ajouta-t-il en baissant la voix, ai-je osé t'attirer à moi, pauvre fille ?...

— Ne parlez pas ainsi !...

— Oh ! moi, tout ce que j'ai souffert, tout ce que je dois souffrir encore, je l'ai mérité, vois-tu ; mais toi !... Je sais que dans ton cœur tu me pardonnes, mais à cette heure... je ne me pardonne pas !...

— Mais tu m'aimais, ô mais tu m'aimes... Oh ! je ne regrette rien... rien que de ne pouvoir rentrer dans les huit années de bonheur caché qui sont toute ma vie. Ne te reproche rien. Sans toi, que serais-je devenue ? J'étais une pauvre fille, bien pauvre, que personne n'aurait su aimer comme toi. Ton amour n'a été qu'un long dévouement. J'étais jolie ; d'autres l'étaient. J'étais à toi ; d'autres s'offraient... N'avais-je pas de rivales, à tes pieds, dans l'ombre de Saint-Pierre ?... Sais-tu que plus d'une fois j'en tremblais ?... Il y en avait de riches, à qui la fortune, la position prêtaient les gages du mystère que nous avions tant de peine à garder... Et c'était moi que tu aimais dans la gêne et le péril... Ne t'accuse pas !... Non, il est malheureux pour toi que tu m'aies rencontrée... Le mal dont nous mourons c'est la misère, et c'est moi qui t'ai donné ce mal !...

— Ton amour, répondit-il éperdu, ta résignation me désespèrent. Que puis-je faire pour en rester digne ?... Je ne puis rien ; je ne suis pas un homme comme les autres ; je suis un maudit ; le ciel se venge. Nos liens se resserrent à l'heure de la séparation, à l'heure où pour nous survivre il nous faudrait ou l'indifférence, où la haine...

Oh ! Fanny, jamais je ne t'aimai tant !...

Il l'enveloppa de ses bras, l'attira violemment à lui...

Fanny Besson.

puis calmé, saisi par les traces de longues souffrances
que portaient ce front pâli, ces paupières caves, ces joues

amaigries... il s'arrêta, les larmes aux yeux, un sourire triste aux lèvres.

Dans ses bras il sentait plier la taille frêle de sa maîtresse épuisée.

Il passa doucement la main sur ce front où palpitait une âme qui était toute à lui.

— Ma Fanny, dit-il, que serons-nous demain ?

— Moi, je le sais, dit-elle.

— Tu le sais ?

— Oui, moi je serai morte.

— Chasse ces mauvaises pensées.

— Que veux-tu ?

— On dit cela, mais la mort...

— Je ne la crains pas.

— Tu mourrais ?...

— Oh oui ! s'écria Fanny avec exaltation, près de toi, sous tes yeux, dans tes bras, je serais heureuse !...

Elle s'abandonnait tout entière, ses genoux fléchissaient, sa tête renversée découvrait son cou de neige, ses yeux se noyaient d'extase.

— Voyons, dit Delacollonge avec un sourire, voyons si tu as peur.

Et dégageant doucement un de ses bras, tandis qu'il la soutenait de l'autre, il la serra légèrement à la gorge...

Elle poussa un soupir pénible.

Ses traits se convulsèrent...

— Qu'as-tu ? s'écria son amant épouvanté.

Il la releva.

Sa bouche restait entr'ouverte et blème, ses yeux étaient fixes et sans regard. Une rigidité étrange s'emparait de son visage. Son cœur qui, tout à l'heure, battait avec violence...

Il déchira brusquement son corsage, porta la main à son cœur...

Il ne battait plus.

— Fanny !... Fanny !...

Rien !... Elle se mourait...

Il la laissa choir doucement sur le plancher, chercha du vinaigre, de l'eau, des sels, fit tout ce qu'il pouvait pour la ranimer...

Elle était morte.

Était-elle vraiment morte ?...

Il ne pouvait le croire.

Elle tombait souvent en syncope.

Depuis un an, elle était si chétive, si malade.

Cependant ces yeux vitreux, ces narines pincées... c'était la mort !...

Il se signa et la bénit.

Il prit ensuite une bougie et en fit tomber quelques gouttes brûlantes sur le visage de Fanny.

Puis reposant le flambeau :

— Elle est bien morte, murmura-t-il.

Longtemps il resta anéanti devant le corps de celle qui avait rempli sa vie.

Enfin son robuste courage prit le dessus...

Face à face avec le cadavre, il réfléchit, il envisagea sa situation.

Fanny était-elle morte par suffocation ou par strangulation ?... Et si l'on pouvait prouver qu'elle était étranglée ?... Au lieu de se rendre chez le maire et d'y déclarer ce qui venait d'arriver, il résolut de faire disparaître le cadavre.

Cependant, malgré une commisération que nous ne cachons point pour ce malheureux Delacollonge, nous dirons que nous l'avons toujours soupçonné d'avoir, au moment où il lui prit la gorge en riant, cédé à une pensée criminelle.

Le moment du crime ressemble parfois au vertige.

Mais nous sommes convaincu qu'il aimait Fanny, et que la pensée du meurtre ne fit que traverser son esprit. Le jury a écarté la préméditation ; nous partageons la conviction du jury.

Sans doute, se dit-il : qu'elle meure et je mourrai après. Il pensa à un double suicide et il recula devant la mort.

Cependant il recouvra bientôt toute sa présence d'esprit.

Il déshabilla le cadavre avant qu'il devint rigide, vida une malle et l'y cacha.

Onze heures allaient sonner.

Il ferma sa chambre à clef, et, tenant à la main le carton à chapeaux de Fanny, il ouvrit la porte de la cuisine.

La servante était couchée et sans lumière.

— Françoise criait-il, je pars : levez-vous pour fermer la porte.

Puis il s'éloigna rapidement.

La nuit était noire.

Il erra d'abord dans les champs, et, comme il pleuvait trop fort, il se réfugia sous le portail de l'église. Enfin, vers une heure du matin, il plaça le carton à chapeaux au bord de sa fenêtre et sonna.

Françoise vint lui ouvrir et lui donna de la lumière.

Il passa le reste de la nuit à écrire une lettre.

Le lendemain il appela sa servante et la chargea de porter cette lettre à la poste de Beaune, et lui donna assez de commissions à faire pour la tenir éloignée une partie de la journée.

Dès que Françoise est partie, il ferme la porte du presbytère, prend un couteau de table, un couteau de cuisine et une serpe récemment aiguisée, puis transporte dans sa chambre un billot et un baquet.

Alors plein d'une sauvage énergie, il s'apprête à diviser le cadavre.

Il l'enlève de la malle, le pose sur le billot, et, s'armant tour à tour du couteau de cuisine et de la serpe, il met à nu les articulations et les tranche avec l'habileté d'une main expérimentée.

Ces débris sont replacés dans la malle.

Il reste le tronc et la tête.

Il saisit la tête par les cheveux, pose le cou d'aplomb sur le billot et frappe...

Le sang jaillit et lui éclabousse le visage.

Il frémit... il s'arrête pantelant d'horreur.

L'épouvante l'hallucine :

Il y a quelqu'un à sa fenêtre, quelqu'un qui le voit à travers les fentes des volets... N'a-t-on pas crié : « Le malheureux, il assassine sa servante !... »

Pendant plusieurs minutes, il demeure immobile, une main enroulée dans la chevelure de la morte, l'autre toujours armée de la serpe.

Ses oreilles tintent, il croit voir à la fenêtre des yeux flambloyants fixés sur lui...

Peu à peu ces illusions terribles se dissipent, et du revers de sa main droite il essuie le sang et la sueur dont son front est couvert.

Ses volets sont bien fermés, personne ne l'a vu.

Il reprend son horrible besogne.

Enfin la colonne vertébrale est brisée ; le couteau achève l'œuvre du couperet, et la tête va rejoindre, dans la malle, les jambes, les cuisses et les bras.

Surexcité jusqu'au délire, il ouvre la poitrine, en arrache le cœur et les autres viscères et les jette dans le baquet.

Il vide ensuite le ventre et va jeter dans les lieux d'aisances tout ce qu'il a retiré du tronc.

Le reste est mis dans un sac, où Fanny mettait son linge sale, et caché à la cave derrière des tonneaux.

Il n'avait plus qu'à laver le pavé de la chambre et laver ses mains et ses bras rouges de sang jusqu'au coude.

Françoise rentra à midi et prépara le dîner.

Il se mit à table et s'efforça de manger.

— Vous paraissez bien fatigué, monsieur le curé, lui dit la vieille bonne, vous devriez vous reposer.

— Je ne suis pas aussi fatigué que je le parais, répondit-il ; d'ailleurs il me reste encore beaucoup à faire. Ce soir je sortirai.

— Ce soir ?

— Oui, ma cousine est partie sans argent, je veux aller en emprunter pour le lui envoyer.

L'après-dîner :

— Je vais me promener, dit-il, le grand air me fera du bien.

Il sortit, il erra à travers champs.

Il ne pouvait reposer près du cadavre dépecé.

Après minuit il sortit de nouveau, mais par la porte qui donnait sur la campagne ; comme la veille, le ciel était noir.

Il portait le sac sur son épaule et gravissait un petit monticule, dont le sentier, semé de gros cailloux et détrempé par la pluie, était glissant.

En chemin il glissa, et un des débris que renfermait le sac tomba dans la boue.

Il le chercha à tâtons, le replaça dans l'enveloppe et poursuivit.

A quelques pas de là était un étang bordé de saules, sous lesquels il s'était bien des fois promené le soir avec la pauvre Fanny.

Il releva ses vêtements, s'avança dans l'eau jusqu'aux genoux et jeta son sinistre fardeau.

Il rentra chez lui et dit à Françoise qu'il faisait trop mauvais temps, qu'il remettait son voyage à un autre jour.

VII

Le 30 septembre, sept jours plus tard, des femmes lavaient leur linge à l'eau de l'étang. Une d'elles aperçut, à quelques distance du bord, une masse informe et boueuse qui l'effraya.

— C'est un mouton crevé, dit une autre.

— Ça, répliqua une troisième, c'est une outre, un sac, ce qu'on voudra, mais ce n'est pas une bête crevée. Regardez bien.

— Nous allons voir, repartit la première.

Elle cassa une branche de saule et attira au bord l'objet en question.

Le sac était pourri, en arrivant à terre il se déchira et on découvrit son horrible contenu.

A cette vue, les femmes s'enfuirent. D'autres, plus curieuses et moins timorées, bravant l'odeur infecte de ces débris putrides, les étalèrent sur le sol.

Presque aussitôt le maire fut prévenu, et tout le village s'assembla près de l'étang, tandis qu'un exprès courait au galop chercher à Beaune le procureur du roi.

L'instruction constata que ces restes étaient ceux d'une femme jeune encore, qui n'appartenait point aux classes laborieuses. La peau ne portait ni contusions ni ecchymoses, et l'on ne pouvait établir quel genre de mort elle avait subi.

Son visage était dans un tel état de décomposition qu'il était impossible d'en distinguer les traits, et l'enveloppe ne portait aucune marque qui pût servir d'indice à la justice.

On chercha dans les hôtels de Beaune les noms des voyageurs qui avaient séjourné quelques jours auparavant; mais un mois s'écoula sans que rien pût éclaircir ce mystère.

Cependant en apprenant la découverte faite dans l'étang, Delacollonge épouvanté avait prétexté du besoin de faire un voyage et avait quitté la commune.

Bien qu'on fût habitué à ses absences fréquentes, au bout d'un mois l'opinion publique s'émut et les soupçons commencèrent à se faire jour.

Enfin l'instruction se tourna de son côté.

Comme ses aventures à Lyon étaient connues, on le rechercha dans cette ville, ainsi que Fanny Besson.

Delacollonge était en effet parti pour Lyon et, après y avoir séjourné quelques jours, était parti pour Genève. Mais là, bourrelé de remords, isolé, livré à lui-même, il chercha en vain la paix qui le fuyait. Il retourna à Lyon.

Un agent de police le reconnut sur le quai du Rhône,

et l'arrêta. Dès qu'il fut interrogé, il fit les aveux les plus complets.

VIII

Cette affaire, comme on le pense, eut un retentissement considérable.

Lorsque les assises s'ouvrirent, le Palais de justice fut véritablement assiégé, et l'autorité dut employer la force armée pour contenir la foule.

Nous passerons sous silence ces détails, toujours les mêmes, inévitables préliminaires des débats.

L'accusation était soutenue par M. Varembert, M. Kock, avocat, d'un talent distingué, s'était chargé de la défense.

L'attitude de l'accusé était pleine de fermeté, sinon de calme; il paraissait souffrir, et pendant la lecture de l'acte d'accusation il s'efforçait de dérober son visage aux regards du public. Il portait une longue redingote brune recouverte d'un manteau.

Venons à son interrogatoire. Il ne dura pas moins de trois heures; on comprendra que nous ne le reproduisons pas *in extenso*.

— A quelle époque avez-vous connu Fanny Besson?

— Quelque temps après mon installation à Saint-Pierre. Je ne la connus d'abord que comme pénitente; je ne savais pas même son nom.

— Il paraîtrait que vous aviez avec cette fille d'autres relations et que même vous l'aviez retirée du magasin où elle travaillait pour vivre avec elle ? Vous lui aviez prêté à cette époque mille francs remboursables sans intérêts après huit années seulement ?

— C'est après mon installation au vicariat de Saint-Pierre.

— A la même époque n'avez-vous pas connu une nommée Adélaïde Ripet ?

— Il faut bien en convenir ; il faut l'avouer. Je l'ai connue en 1828... je l'ai connue... je l'ai rencontrée ; elle m'a conduit chez elle, et j'y ai été... Je ne lui cachai point mon caractère de prêtre, pour qu'elle n'eût point de regrets plus tard. Je l'allai visiter plusieurs fois et je la conduisis même chez moi.

— Cette fille n'est pas la seule avec laquelle vous ayez eu des relations ; n'avez-vous pas connu une fille à Lyon sous le nom de l'Alsacienne ?

— C'est ici le cas de rétablir les faits. Un seul témoin en pouvait déposer, et je regrette qu'il soit absent. Des bruits s'étaient répandus dans la ville, le chef de la police municipale m'en instruisit. Je vis M. Delacroix Delaval, maire de Lyon. Il fit appeler cette fille, des explications eurent lieu. Ces bruits furent reconnus mensongers, et il fut enjoint à cette fille de cesser ses poursuites et ses calomnies. Peu après, cependant, les mêmes scènes se renouvelèrent ; M. Huel, commissaire général, m'en instruisit encore, M. le vicaire général me fit appeler, ses paroles furent sévères; mais après une explication qu'il trouva satisfaisante, il se radoucit, en m'engageant, toutefois, à donner ma démission de vicaire. Je me retirai dans ma famille; et peu après j'y reçus ma nomination à la cure de Briennon (département de la Loire). Je refusai; bientôt je fus nommé à une autre cure.

— Vous avez dit dans votre interrogatoire que cette fille vous avait compromis jusque dans le sanctuaire de votre église; pour qu'une telle fille se soit adressée à vous, il fallait qu'il fût de notoriété à Lyon que vos mœurs étaient plus que relâchées?

— Dans les grandes villes, à Lyon surtout, des piéges sont tendus aux ecclésiastiques; j'ai été victime d'une semblable machination, car j'ai appris que cette fille était venue jusqu'à ma porte dans un cabriolet avec un officier. C'est cet officier qui l'aura poussée à ces honteux excès.

Delacollonge est ensuite interrogé sur son séjour au collége de Toiney et à Neuville, puis sur sa conduite à Sainte-Marie-la-Blanche.

Le président arrive enfin à la terrible nuit du 24 août.

Delacollonge faisant un pénible effort :

— Je lui ai pressé le cou avec les deux mains, l'une dessus l'autre dessous.

— Racontez les circonstances qui ont précédé.

Delacollonge, portant la main à son front, leva les yeux au ciel, poussa un profond soupir.

— La journée avait été fort triste, dit-il, tout était préparé pour son départ, je me dépouillai de mes habits ecclésiastiques et les remplaçai par des habits séculiers... Nous étions dans l'ennui, dans un grand ennui. Nous parlions de l'amertume de notre séparation. — Il me semble, lui dis-je alors, que nous serions bien plus heureux si nous étions morts.

— Oui, reprit-elle, ah ! c'est bien vrai... mais si nous mourions tous deux.

— Alors je lui dis en plaisantant (je ne puis employer d'autre expression, c'est celle dont je me suis servi) : Veux-tu que j'essaye en te serrant le cou, si je te ferais mal ?

Je n'avais aucune intention... bien sûr !... C'était un jeu innocent... (Mouvement.)

Elle me dit :

— Essaye-donc !...

Elle avait le sourire sur les lèvres : je la serrai... je la serrai un peu fort, jusqu'au moment où elle fit signe que cela lui faisait du mal. Je la lâchai aussitôt, ne pensant pas que cela aurait les suites que cela a eues. Elle tombe... Je fais des efforts pour la relever, je lui fais respirer des eaux de senteur qui étaient sur la cheminée ; je vois qu'elle ne peut se soutenir, qu'elle va mourir. Je lui donne l'absolution, et, pour m'assurer qu'il n'y a pas de remède possible, je lui verse sur la figure quelques gouttes brûlantes de cire. Ce fut ainsi que j'acquis la certitude de cette mort malheureuse... Je lui ai donné l'absolution !...

Le Président. — Son agonie a-t-elle été longue ?

— Je ne puis le préciser.

Puis se reprenant avec un élan douloureux :

— Oh ! cela n'a pas été long... Oh ! Dieu ! je l'ai vu et je ne puis que le répéter, je ne conçois pas comment ce que je lui ai fait a pu lui donner la mort.

— Vous avez brûlé son bonnet ; par quel motif ?

— En la relevant... ce n'était pas la peine... il était un peu déchiré... Je l'avais froissé. Ces choses-là froissées ne valent plus rien du tout... Voilà pourquoi je l'ai brûlé.

— Il paraît plus probable que ce bonnet avait été froissé dans votre lutte. Rendez compte maintenant de la manière vraiment horrible avec laquelle vous avez disséqué, coupé le cadavre en morceaux.

Il se fit dans la salle un silence profond.

— Je n'ai pas besoin de vous dire, reprit Delacollonge, que dans cette action j'ai été poussé par la plus inexorable nécessité, par le besoin de conserver mon honneur et surtout l'honneur de la fille Besson. Je ne pouvais révéler la présence de son cadavre chez moi, sans en même temps révéler son séjour clandestin à ma cure. Je ne pouvais me confier à ma domestique, je vous l'ai déjà dit. Je craignais quelque esclandre de sa part. Je me voyais perdu. Il fallait me débarrasser de ce corps... J'ai d'abord pensé à le brûler...

Un long frémissement parcourut l'auditoire.

— J'ai été forcé... j'ai dû... je voudrais bien être dispensé d'entrer dans ces détails...

Je ne puis vous dire l'état affreux dans lequel je me trouvais en ce moment : j'étais hors de moi, dans un trouble extrême... je ne sais comment cette division s'est opérée. J'ai vu dans l'acte d'accusation qu'on avait remarqué qu'elle avait été faite selon toutes les règles de l'art. Je ne puis comprendre cela. La manière dont j'ai agi, dans mon trouble, ne pouvait être d'accord avec les règles de l'art.

Enfin l'intérieur a été jeté par moi dans la fosse d'aisances ; le corps divisé fut placé dans une malle, puis, placé dans ce sac dans lequel je l'ai porté à la mare. J'essuyai ensuite le carreau inondé de sang, malgré la précaution que j'avais prise de placer un baquet sous les parties que je coupais.

Il était midi, une heure, quand cette cruelle opération fut terminée. Je restai dans ma chambre ; j'attendais ma domestique. Le ministère public s'est bien trompé quand il a avancé que j'étais tranquillement assis. J'étais obligé de dévorer en secret ma peine. Je me mis à table, mais je ne mangeai pas... Ma position n'était pas tenable. Je sortis, je ne pouvais me distraire de mes noires pensées. Ce cadavre si près de moi... cette femme... tout se présentait à moi de la manière la plus pénible, la plus horrible, la plus épouvantable.

— Il est bien difficile, fit observer le président, de concevoir l'espèce de férocité qui vous a porté à découper par morceaux le corps d'une femme qui vous était chère. Que vous l'ayez enterrée dans votre cave, dans votre jardin, cela se comprendrait ; mais que vous l'ayez dépecée, cela est inconcevable !

— Je ne pouvais avoir d'autre moyen ; le jardin est ouvert à tout le monde et la cave est trop étroite.

— Avec quel instrument avez-vous découpé le cadavre ?

— Je l'ai dit, fit Delacollonge avec lassitude, avec la serpe... Ah ! mon Dieu !...

Il essuya son visage baigné de sueur et poussa de profonds soupirs.

L'auditoire était saisi d'horreur.

L'audience fut suspendue pendant un quart d'heure.

On entendit ensuite les dépositions du docteur Salle, de Dijon, qui avait soigné Fanny chez la dame Valot, celle du docteur Rateleau, de la dame Valot, de la sage-femme et de Jeanne Richard, domestique.

Ces dépositions furent des plus favorables à l'accusé.

« Il avait pour madame Desgarennes (Fanny Besson), les soins les plus tendres et les attentions les plus délicates, » dit le docteur Salle.

Le docteur Mollin, qui avait été chargé de l'examen du cadavre, déclara qu'il n'avait découvert aucune trace de violence, qu'il ne croyait pas à un empoisonnement, et que sans les aveux de l'accusé il n'eût pas cru à un cas de strangulation.

— Pensez-vous, docteur, demanda le président, que la mort ait pu résulter d'une pression légère, d'un *simple badinage*, pour me servir de l'expression de l'accusé ?

Des laveuses découvrirent le cadavre.

— Un tel cas est rare ; cependant il est possible, nous en avons des exemples.

Les docteurs Salle et Rateleau sont de nouveau appelés, la même question leur est posée, mais ils concluent tous deux à l'asphyxie causée par strangulation.

Restaient à entendre trois témoins importants :

M. Poupon, maire de Sainte-Marie-la-Blanche ; Françoise Bourgeois, la servante de Delacollonge ; Adélaïde Ripet.

M. Poupon rapporta simplement les faits que nous avons rapportés plus haut.

M. le Président. — Conçûtes-vous des soupçons quand vous vîtes que le curé était parti ?

— Bien certainement.

— Avez-vous reconnu Fanny Besson ?

— Tout de suite en arrivant.

Françoise Bourgeois était une vieille fille d'un esprit borné et d'un dévouement aveugle. Sa déposition était attendue avec un vif sentiment de curiosité. En voici quelques fragments :

M. le Président. — Vous êtes-vous aperçue d'intimités coupables entre Delacollonge et Fanny Besson ?

— Au contraire, je n'ai vu que beaucoup d'amour-propre l'un pour l'autre et beaucoup de probité.

— Quand le bruit de la découverte se fut répandu, le curé disparut ?

— Il s'en alla de suite sans rien dire. Je le croyais en retraite à Dijon.

— Ne sentiez-vous pas une odeur très-désagréable dans la chambre?

— Oui, je sentis comme une odeur de boudin d'entrailles.

Comme elle faisait l'éloge le plus grand de son ancien maître :

— Cependant, objecta le président, sa conduite n'est pas des plus exemplaires ?

— Je l'ai toujours connu fort honnête homme et plein d'amour-propre et de probité, répondit la brave femme.

— Mais Fanny Besson avait fait un enfant ?

— Ce n'est pas la première fille qui ait fait un enfant; il y en a bien d'autres.

Au sujet du repassage de la serpe et du couteau, elle répondit qu'elle les avait donnés à repasser de son propre mouvement.

A Françoise Bourgeois succéda Adélaïde Ripet.

Ce témoin, dit la *Gazette des Tribunaux*, à laquelle nous avons emprunté le compte rendu des débats, parut toute pénétrée du sentiment de son importance.

Elle portait un vaste chapeau de velours à grands falbalas, un superbe cachemire Ternaux, et une robe en popeline.

Elle déclara se nommer *Louise* Ripet, âgée de trente-sept ans, limonadière à Lyon.

M. le Président. — Connaissez-vous Delacollonge ?

— Oui, monsieur, je le connais depuis les affaires de Lyon. Il est venu me voir en septembre dernier et m'a demandé de l'obliger... C'était vraiment pour l'obliger...

— Dites-nous d'abord à quelle époque vous l'avez connu pour la première fois ?

Louise Ripet (minaudant). — Je dois dire que je l'ai connu il y a six ou sept ans pour la première fois ; il était alors vicaire de Saint-Pierre.

— Comment fîtes-vous sa connaissance ?

— M. Delacollonge m'a rencontrée un soir en sortant du spectacle. J'ai fait connaissance avec lui. Il m'a rendu quelques services, je l'avoue, et m'a montré beaucoup d'intérêt. Au mois de septembre dernier il est venu chez moi pour me prier de lui rendre un service. Il désirait mettre en gage de l'argenterie dans une maison de confiance et vendre deux bagues, deux boucles d'oreilles et une montre. Peu après son arrivée, il me fit part du dessein de partir pour l'étranger, je lui offris une chambre à la maison.

— En ce moment et pendant la soirée, Delacollonge paraissait-il triste ?

— Non, monsieur, il était comme à l'ordinaire.

— S'est-il permis quelques plaisanteries ? A-t-il tenu des propos licencieux ?

— Non, monsieur, tout ce que je puis dire c'est qu'il n'était pas triste, qu'il a bu et mangé comme une personne qui n'a rien.

— Vous dites que Delacollonge fit connaissance avec vous en sortant du spectacle : le conduisîtes-vous chez vous ?

— Oui, monsieur, c'est vrai.

— Alla-t-il vous voir souvent?

— Oui, monsieur.

— Saviez-vous que Delacollonge fût prêtre?

— Je ne le savais pas dans le moment; mais je l'ai su plus tard.

Delacollonge. — C'est moi qui l'ai appris au témoin.

— Vous ne l'avez plus revu qu'en septembre 1835?

— Oui, monsieur.

Me Kock (défenseur). — Les relations de l'accusé avec la demoiselle Ripet étaient devenues fort rares; M. Delacollonge la voyait au plus une fois ou deux fois par an. Je demanderai si ces rapports entre eux avaient changé de nature?

Louise Ripet. — Oh! tout à fait; je ne voyais plus M. Delacollonge que pour recevoir ses bons conseils.

Les derniers moments de l'audience sont consacrés à entendre des dépositions assez insignifiantes.

Les débats sont renvoyés au lendemain à sept heures et demie.

IX

Dès six heures, avant le lever du soleil, la foule attendait l'ouverture de l'audience.

La séance tout entière fut consacrée à entendre l'avocat général et le défenseur.

Le vol avec effraction commis à la sacristie était avoué, Delacollonge avait raconté comment Fanny Besson était morte à la suite d'une pression exercée *volontairement* au cou de Fanny ; il ne restait plus qu'à savoir s'il y avait eu préméditation.

Selon l'avocat général, la préméditation remontait au moins au moment où Delacollonge avait reçu les avertissements du maire.

Il développa ainsi sa pensée :

« En vain dira-t-on, s'écria-t-il, qu'il n'avait pas d'intérêt à commettre un si grand crime. Fanny Besson était devenue un objet pesant pour Delacollonge.

» Cette femme avait épuisé toutes ses ressources, tout son modeste patrimoine. Pour soutenir sa maîtresse, ce prêtre indigne avait été obligé de commettre un vol avec effraction.

» Il l'avait fait venir à la cure, ne pouvant plus l'entretenir autre part.

» Ce secret est violé ; le maire est averti ; il faut qu'il renvoie Fanny Besson ; il n'a pas d'argent, il ne peut la placer autre part.

» Voilà son intérêt.

» Sans doute on fera sonner bien haut la tendresse de Delacollonge pour Fanny Besson, les soins qu'il en a eus, les marques d'affection qu'il lui a données à Dijon pendant ses couches ; mais avec un homme aussi débauché que ce prêtre, ne peut on pas croire que la satiété est venue, que cet attachement n'existait plus et même avait fait place à la haine que lui avait enfin inspirée une femme qui n'était plus pour lui qu'un objet de haine! »

Pendant ce réquisitoire, l'accusé parut souffrir cruellement. Son agitation était extrême.

M⁰ Kock exposa d'abord les antécédents de la cause; arrivé au crime, il déclara qu'après un examen approfondi de l'instruction, il était convaincu que la mort de Fanny était le résultat d'un malheur et non celui d'un assassinat commis avec préméditation.

« La division du cadavre de Fanny, dit-il, a été le point auquel le public s'est arrêté davantage.

» C'est cependant celui que la défense peut expliquer le plus facilement et indépendamment de toute supposition de crime.

» Admettons, ce que les débats ont démontré, que la mort de Fanny Besson a été naturelle ; Delacollonge est en présence d'un cadavre qu'il faut faire disparaître. Comment y parviendra-t-il ! Ira-t-il trouver le maire de Sainte-Marie ? Ira-t-il lui dire : Fanny Besson est morte dans mon domicile. Mais que va-t-on dire ? Fanny était donc cachée dans le presbytère ? Il ne pouvait dévoiler ainsi lui-même sa propre turpitude.

» Il ne pouvait faire un pareil sacrifice, car il eût fallu qu'il dévoilât sa faute aux yeux de ses paroissiens. Ce corps inanimé qui était là devant lui ne pouvait ressentir en rien le sacrifice si grand qu'il lui avait fait de son honneur et de sa position, dans la seule vue de lui procurer les cérémonies funèbres de l'Église.

» Delacollonge se trouvait placé en présence de la plus cruelle nécessité. Les monuments judiciaires nous présentent de tristes et funèbres exemples de pareilles nécessités. N'a-t-on pas vu, il y a quelque temps, une femme, devenue mère par suite d'un lien illégitime, s'armer d'un couteau pour faire disparaître le fruit de cette union ? Ne l'a-t-on pas vue donnant à un pourceau les débris sanglants de son enfant mort, assistant elle-même à cet effrayant repas.

» Cette fille fut traduite devant la cour d'assises comme coupable d'infanticide. Il fut établi que son enfant était mort-né : le crime disparut ; on s'expliqua l'horrible nécessité qui avait forcé en quelque sorte cette fille-mère à faire disparaître son fruit pour conserver sa réputation, alors qu'elle n'avait plus aucun sacrifice utile à faire dans l'intérêt de son enfant.

» L'horrible position dans laquelle s'est trouvée cette malheureuse fille, c'est celle où se trouvait le curé Delacollonge.

» Il n'avait plus aucun sacrifice utile à faire à ce cadavre de femme placé devant lui. Il ne pouvait, par intérêt pour ce cadavre, lui sacrifier son honneur, sa réputation. »

Me Kock établit ensuite que l'excuse toute naturelle qu'offre à Delacollonge sa position de prêtre, lui échapperait s'il était laïque :

« En effet, dit-il, on viendrait lui dire avec raison : Quel intérêt aviez-vous donc à faire disparaître les traces de la mort de votre maîtresse ? Qu'importe que vous ayez une maîtresse, qu'elle soit morte chez vous, cela ne vous empêchera point d'être toujours négociant, notaire, etc, Vous n'avez aucun motif, aucune excuse pour faire disparaître un cadavre.

» Mais il s'agit d'un prêtre ! Oh ! alors l'intérêt est tout-puissant. C'est l'intérêt de la fille-mère qui, pour sauver son honneur, fait disparaître le cadavre ! C'est l'intérêt de la femme adultère qui voit son enfant mourir dans ses bras, et qui, pour sauver son honneur, fait disparaître un cadavre auquel désormais elle ne ferait plus qu'un inutile sacrifice. »

Mᶜ Kock examina ensuite si Delacollonge avait volontairement donné la mort à Fanny Besson :

« On ne saurait, après le rapport des médecins qui ont déclaré n'avoir trouvé aucune trace de violence, aucune ecchymose, soutenir que Fanny a péri par strangulation.

» Elle était sujette à des syncopes, et je puis vous citer des exemples où l'on voit qu'un coup de poing, un renversement de la tête, un coup sur les oreilles, un simple soufflet, peuvent occasionner la mort instantanée. La médecine n'invente pas, ne fait pas de romans ; c'est elle qui a recueilli ces faits.

» Mais, dit-on, la haine avait, chez lui, remplacé l'amour, la satiété avait donné naissance à l'aversion.

» S'il y a eu refroidissement chez Delacollonge, il aura, quelque temps avant l'arrivée de Fanny Besson, diminué ses voyages ; son empressement aura diminué. S'il n'aime plus sa maîtresse, rien ne le forcera d'aller la chercher.

» Quand on est las d'une maîtresse on l'abandonne ; mais jamais il n'y a eu entre eux la moindre discussion, la moindre querelle.

» Il faut donc en revenir à la seule supposition raisonnable, celle d'une syncope.

» Il y a quelques années, un grand procès s'instruisait ici. Les intérêts mis en présence étaient immenses ; un magistrat devait déposer ; c'était le témoin à charge le plus important : au moment de déposer il tomba mort, frappé d'apoplexie.

» Certes, cet honorable magistrat n'avait aucune des prédispositions apoplectiques ordinaires.

» Heureusement la mort le frappa dans le cabinet du juge d'instruction. A quelles suppositions ne se serait-on point livré s'il était mort chez une personne de la partie adverse ? »

Ayant ainsi répondu aux principaux points de l'accusation, il termina en écartant comme sans importance le vol commis à Sainte-Marie.

« Ni le maire ni les fabriciens ne considéraient le curé comme un voleur, et jamais on n'aurait parlé de cet accident sans la catastrophe qui avait suivi. »

Comme le défenseur terminait son éloquent plaidoyer, une personne étrangère aux débats demanda à être entendue.

Sur l'autorisation de M. le Président, cette personne fit
déclaration suivante :

« Voici, monsieur le Président, un fait dont j'ai été
moin.

» Plusieurs capitaines et moi, nous étions à Tarbes en
rnison. Un jour, nous causions devant un café, quand
capitaine Lalande, qui récemment a séjourné ici en
alité d'officier d'état-major et qui y est honorablement
nnu, assurément, plaisantant avec le capitaine Surru-
es, le prit par le cou.

— Ah ! vieux ! lui dit-il, je vais vous faire passer le
ût du pain !

» C'était un jeu d'amis.

» Cependant le capitaine Surrugues chancela. Machi-
alement nous nous écartâmes et le capitaine tomba sans
nnaissance.

» Bientôt, grâce à nos soins empressés, il revint à la
e. Je parlai de l'aventure à M. Labuque, docteur-mé-
cin de notre régiment.

» Grand fut mon étonnement, lorsqu'il me dit :

« Savez-vous que rien n'est plus dangereux que ces
rtes de jeux ? Le capitaine Surrugues pouvait tomber
ort sur le coup. »

M. le Président pria le docteur, M. Salle, de donner
n avis.

— Toute pression de ce genre, répondit celui-ci, peut
casionner une syncope ayant toutes les apparences de
mort.

L'avocat général prit la parole, et après lui Me Kock. Enfin le Président, M. Semerey, résuma les débats.

Les questions suivantes furent ensuite posées au jury :

1° Delacollonge est-il coupable d'avoir commis volontairement un meurtre sur la personne de Fanny Besson ?

2° Avait-il formé le dessein d'attenter à la vie de Fanny Besson ?

3° Est-il coupable d'avoir frauduleusement soustrait une somme d'argent au préjudice de la fabrique de Sainte-Marie-la-Blanche ?

4° Ce vol a-t-il été commis avec effraction ?

Après délibération, le jury rendit le verdict suivant :

Sur la première question : oui, Delacollonge est coupable.

Sur la seconde : non l'accusé n'est pas coupable.

Sur la troisième : oui, mais en admettant des circonstances atténuantes.

En conséquence, Delacollonge fut condamné aux travaux forcés à perpétuité.

Le condamné demeura comme frappé de la foudre.

Au bagne, Delacollonge se fit remarquer par une conduite exemplaire.

On l'exempta des plus pénibles travaux.

Il mourut économe du bagne de Brest.

FIN DE DELACOLLONGE

Nous commencerons dans la prochaine livraison *le Crime de Roubignac*.

LE CURÉ ESNAULT

ASSASSINAT ET INFANTICIDE

C'était en 1826.

Le 31 décembre, Chesnau, meunier au grand moulin de Nueil, commune de Nueil-sous-Passavant, arrondissement de Saumur (Maine-et-Loire), ouvrant un matin son écluse, située au bord de la rivière du Layon, aperçut sous le brouillard hivernal et sur la vase du bord, un paquet blanc, qu'au premier aspect il présuma être du linge perdu les jours précédents par des lavandières du village.

Il prit une perche, attira vers lui le paquet, l'ouvrit et poussa un cri d'effroi...

C'était une chemise de femme marquée des initiales L. P., enveloppant le cadavre d'un enfant nouveau-né, du sexe féminin.

Revenu de son premier saisissement, Chesnau s'empressa d'aller prévenir le maire de la commune, qui arriva accompagné d'un officier de santé et d'une sage-femme.

L'examen attentif qui eut lieu fit connaître que l'enfant avait été étouffé par l'introduction d'une des manches de la chemise dans l'intérieur de la bouche. L'autopsie eut lieu, et les médecins reconnurent que l'enfant était né à terme, viable, qu'il avait respiré et n'avait cessé de vivre que par le fait d'un acte criminel.

Les soupçons se portèrent naturellement sur la fille Madeleine Pouteau, dont le nom correspondait aux initiales de la marque de la chemise.

C'était la servante du curé du lieu, et on avait pu, à sa taille et à sa démarche, deviner une grossesse.

Cependant cette remarque ne donna lieu à aucun propos en public. On sait quel empire les curés du Midi et de l'Ouest — pays d'ignorance, de superstition, de foi robuste — exercent sur leurs ouailles, et combien on redoute de se les mettre à dos.

Cette crainte leur fait croire trop souvent à l'impunité pour eux-mêmes, leur donne, en mainte circonstance, une rare audace, une extrême arrogance.

Après la découverte du corps du nouveau-né, la première chose qu'on fit fut de soumettre à une visite la fille Pouteau ; on reconnut sans peine qu'elle était récemment accouchée, et l'on vit que l'époque de cet accouchement coïncidait exactement avec celle de la naissance de la victime.

La servante et le curé Esnault, — vieillard de soixante-six ans, — furent signalés comme les assassins probables.

On arrêta Madeleine Pouteau et on se mit à la recherche du desservant, qui avait pu prendre à temps la fuite.

Ce misérable, — cette doublure de l'infâme Mingrat, disparut de sa paroisse consternée, et on sut plus tard qu'il avait poussé l'impudence jusqu'à célébrer la messe à vingt lieues d'Angers, au moment même où la justice mettait la main sur sa complice — ou plutôt sa première victime.

L'enquête délia un peu la langue aux paroissiens, et il fut dit que plusieurs enfants, fruits du même commerce illicite, avaient déjà disparu — engloutis probablement par la rivière qui, jusque-là, garda trop fidèlement le secret de ces meurtres.

Esnault, interrogé, s'était ingénié d'abord, mais en vain, à cacher la faute, la grossesse et l'accouchement de sa domestique.

Après maintes contradictions pitoyables, sa non-comparution devant le juge d'instruction qui l'avait mandé, une accusation audacieusement calomnieuse formulée par lui contre son domestique Joullain, et aussitôt réduite à néant, il s'était dérobé à l'action de la justice.

Tout concourait à démontrer la culpabilité de cet abominable prêtre.

Les bons habitants de Nueil, tout simples qu'ils étaient, avaient fini par s'apercevoir du commerce charnel qui existait entre le sensuel curé et sa servante.

Une certaine Louison, habitante du presbytère, dérangea, sans le vouloir, le lovelace en soutane, le prit sur le fait, par cas fortuit, et disait, quelques mois avant la perpétration du crime :

— Depuis que j'ai surpris M. le curé avec Madeleine, je n'ai plus de repos, je ne suis plus tranquille !

Elle avait bien raison de trembler, la pauvre créature, pour n'avoir pas cru que le révérend Esnault, en prenant les plus grandes privautés avec sa servante, n'avait en vue que le salut de l'âme de celle-ci !...

Quelques jours après avoir tenu ce propos, Louison mourait subitement, frappée la nuit au milieu de son sommeil.

On trouva son corps tout couvert d'horribles contusions.

Nul doute que le curé n'eût voulu faire disparaître le témoin involontaire, mais si dangereux, de sa faute, cette Louison qui pouvait devenir son accusatrice.

Rien de terrible, d'implacable, de féroce comme un homme d'église quand il veut se venger, assurer son impunité, conserver sa réputation en péril, éviter la réprobation qu'il mérite, quand il a mis le pied dans la voie des actions honteuses, des méfaits révoltants, des scandales.

Au mois d'oût 1827, la fille Pouteau, déclarée coupable d'infanticide, fut condamnée aux travaux forcés à perpétuité.

Cette malheureuse, bien moins coupable assurément que son séducteur, ayant demandé ensuite à faire des révélations importantes, fut conduite à la chambre du Conseil.

Là, elle déclara qu'elle était accouchée dans la nuit

du 22 au 23 décembre 1826, qu'elle était seule avec

Esnault.

M. le curé, et qu'aussitôt il lui enleva l'enfant, le fit disparaître sans qu'elle ait pu savoir ce qu'il était devenu.

39

La condamnation qui frappait Madeleine paraîtra donc beaucoup trop sévère, disproportionnée avec le délit, voire inique, à tous ceux qui ont au cœur le double sentiment de la justice et de l'humanité.

Dans cette affaire, — dont on étouffa, autant que possible, le retentissement, chose facile et coutumière sous la Restauration, — l'innocente fut sacrifiée sans pitié et le coupable put s'enfuir...

Nous ne serions pas éloigné de croire que le clergé et le gouvernement lui en facilitèrent les moyens.

Cependant il fallait sauver les apparences.

Un mandat d'arrêt fut lancé ; mais Esnault avait été prévenu à temps et avait gagné la frontière.

« Ce nouveau Mingrat, » comme l'appelle la correspondance, s'éclipsa, dès lors on n'entendit plus parler de lui.

Nous ignorons quelle fut sa fin, s'il alla se cacher sous un froc de chartreux, ou s'il continua ses œuvres... apostoliques sur un autre théâtre à l'étranger.

Toujours est-il que Jean-Urbain Esnault fut bel et bien condamné par *contumace* à la peine de mort (cour d'assises de Maine-et-Loire, séante à Angers), le 17 mai 1828.

Encore un nom à ajouter à ce *martyrologe* qui témoigne de l'impiété enracinée du siècle et de l'acharnement des ennemis de la sainte Église catholique, apostolique et romaine.

M. le procureur général Desmirail, — un *libéral* sans

doute, c'est-à-dire un homme sans foi ni loi, prononça le réquisitoire énergique qui entraina la condamnation du fugitif.

« Les uns prétendent qu'il alla à Bruxelles, d'autres qu'il se réfugia en Sardaigne. »

Le Piémont avait alors le triste privilége d'être le *refugium peccatorum*, l'asile des mauvais prêtres pourchassés.

Esnault put rencontrer là Mingrat, son digne prédédécesseur et modèle.

Les deux faisaient la paire...

En parcourant les recueils judiciaires depuis le commencement de la Restauration, on est frappé du grand nombre de causes criminelles où figurent comme acteurs principaux des gens d'église : séminaristes, frères ignorantins, vicaires, curés, moines.

Presque toujours dans ces sales affaires le huis clos était réclamé, c'est pourquoi notre curiosité est privée de bien des détails *édifiants* au possible.

L'autorité pensait moins à ménager la pudeur publique qu'à complaire au clergé, à atténuer les hontes de ce corps si redoutable, si puissamment constitué, si éloigné moralement de son point de départ : la pureté évangélique, — laquelle est si peu compatible, quoi qu'on en dise, avec le célibat obligatoire, les vœux de chasteté.

Toutes ces révoltantes turpitudes, toutes ces monstruosités immondes avaient lieu sous l'empire de la loi du sacrilége et sous le règne intolérant d'une religion d'État — règne regretté encore aujourd'hui par ce parti incorrigible, aveugle, qui n'a rien oublié et rien appris, qui ne se complaît que dans les ténèbres, comme l'avide punaise, son véritable emblème.

FIN DU CURÉ ESNAULT.

Nous publierons incessamment.

Le Curé RIEMBAUER

surnommé le Mingrat allemand, *fornicateur, faussaire, assassin, empoisonneur.*

Le crime de Mingrat n'est rien en comparaison des forfaits réitérés et atroces de Riembauer, homme instruit, beau, aimable, plein de séductions, en un mot intelligence supérieure fourvoyée dans le mal.

On lit dans l'acte d'accusation que le curé Riembauer fut accusé, savoir :

1° D'avoir rendu mère la cuisinière du curé de Hofkirchen, laquelle accoucha d'un garçon qui mourut bientôt après ;

2° D'avoir rendu mère la cuisinière du curé de Hernsheim, nommée Anne-Marie Eichslatter, et de l'avoir assassinée en lui coupant le cou avec un rasoir ;

3° D'avoir rendu mère la cuisinière du curé de Pfarrhofen, et une couturière du même endroit ;

4° D'avoir rendu mère, à Lauterbach succursale de Pirkwang, la fille d'un propriétaire-cultivateur, nommée Madeleine Frauenknecht, d'avoir escroqué à son père une somme de 5.000 francs, et d'avoir empoisonné la fille et la mère ;

5° D'avoir rendu mère, à trois reprises, sa dernière cuisinière, nommée Anne Weminger ;

6° D'avoir fabriqué un faux certificat de dépôt pour une somme de 1.400 fr. ;

7° D'avoir fait avorter deux femmes.

ARSÈNE ET JULIEN

C'est à Rouen que Jean-François Julien fit connaissance de celle que, plus tard, on appela la belle Arsène.

Il n'avait pas vingt ans, il n'avait pas encore tiré à la conscription, et, grand et beau garçon, il ne devait pas compter sur l'exemption en cas de mauvais numéro.

Arsène Chevalier, dont la mère s'était remariée avec un sieur Guilmet, ouvrier charron, habitait avec ses parents sous le même toit que Julien, et inévitablement elle devait le rencontrer souvent sur son passage.

Elle était jolie, un peu coquette, Julien s'éprit d'elle, et de son côté si elle n'éprouva pas pour son voisin une inclination très-vive, du moins consentit-elle à l'écouter.

La passion du jeune ouvrier était sérieuse. Arsène était honnête ; il lui parla de mariage.

— Attendez, lui dit-elle, que vous ayez satisfait à la conscription.

Julien était trop grave, trop sérieux pour elle, peut-être aussi trop passionné. Un peu de galanterie banale et modérée eût mieux convenu à une jeune fille d'un caractère assez froid et dont la vanité seule était éveillée.

Ce qu'on aime le plus dans une personne, ce sont ordinairement les qualités qu'on lui suppose.

Il est très-probable que Julien prenait la vanité flattée d'Arsène pour de l'amour, et sa résistance pour de la vertu, et il concluait au mariage.

Plus tard, on a dit : « Pourquoi ne s'est-il pas adressé d'abord aux parents de la jeune fille, puisque ses intentions étaient pures ?... »

C'est, répondrons-nous, parce qu'il l'aimait.

L'amour s'avoue et ne s'annonce pas.

Le cœur a ses mystères, sa pudeur. La publicité convient mieux aux opinions politiques qui souvent se proclament avant d'être pressenties.

Avant de parler à celle qu'on aime, avant de lui laisser deviner la passion qu'elle inspire et chercher en elle un écho à cette passion, aller trouver les parents de celle-ci, et en langage de convention leur faire part de la révolution intime que les beaux yeux de leur fille vient d'accomplir, cela nous paraît au moins singulier.

Julien n'avait encore fait aucune visite à la mère et au beau-père d'Arsène, quand ces derniers quittèrent Rouen pour Paris.

— Vous partez ? dit-il à Arsène ; eh bien ! je ne vous dis pas adieu ; je vous suivrai, fût-ce au bout du monde.

C'était au mois de septembre 1827.

Quelques jours après le départ de la famille Guilmet, Julien, prit à son tour la diligence de Paris.

Mais là, bien que logé dans le même quartier que sa

prétendue , il subissait tous les ennuis d'une véritable séparation.

A peine de loin en loin pouvait-il la rencontrer, lu qui s'était fait une douce habitude de la voir plusieurs fois par jour.

Pour mettre fin à ses souffrances, il se rendit chez les époux Guilmet.

La mère était absente, le beau-père sortait de la maison ; il lui parla dans la rue. Il ne plut pas à Guilmet.

— Je ne puis rien vous répondre, lui dit celui-ci, j'en causerai avec ma femme.

— J'ai mes papiers, reprit Julien, Arsène m'aime, je n'attends que votre décision. Dites-moi quel jour vous me rendrez réponse.

— Dimanche, dit le charron. Si ma belle-fille vous aime, je ne m'opposerai point au mariage.

On était au vendredi ; deux jours d'attente n'étaient pas un délai trop long.

De retour chez lui, Guilmet aborda carrément la question.

En présence de sa femme et d'une cousine, il raconta sa rencontre du matin et la demande qui lui avait été adressée.

— L'aimes-tu ? demanda-t-il à Arsène.

Celle-ci, qui était loin de s'attendre à un dénoûment si brusque, parut fort embarrassée.

— Moi, fit-elle en baissant les yeux, je l'aimerais si j'étais sûre qu'il fasse mon bonheur.

— Écoute, reprit le beau-père avec sa rude franchise, tu l'épouseras si tu le veux, mais ce garçon ne me revient guère. Il a quelque chose dans le regard qui ne me va pas. Et vous, ma cousine, vous connaissez Julien, qu'en dites-vous ?

— Oh ! pour moi, cousin Guilmet, il ne me plairait pas, je l'avoue.

— Alors, puisqu'il ne plaît à personne, dit Arsène, je ne le prendrai point ; e n'ai pas envie qu'on se moque de moi.

— Je lui dirai donc dimanche que tu ne l'aimes point.

— Autant vaudrait ne lui rien dire, fit la jeune fille, et lui laisser le temps de m'oublier.

— Mais, fit observer la cousine, cela serait plus simple ; si vous ne lui rendez pas réponse, il comprendra que vous n'avez rien de bon à lui apprendre.

— Il viendra nous voir, objecta Guilmet.

— Vous croyez ?

— J'en suis certain.

— Allez à la campagne passer la journée.

— C'est une bonne idée. Eh bien ! vous en serez, cousine, et dimanche nous irons à Saint-Denis.

Le dimanche, le soir, en revenant à Paris, Guilmet demandait à Arsène :

— Tu l'aimais, l'aimes-tu encore ?

— Ah ! mon Dieu, non.

En arrivant à leur porte, elle l'aperçut.

Tenez, le voilà, dit-elle, et elle rentra bien vite à la maison.

La belle Arsène.

Guilmet fut au-devant de Julien.

— Mon ami, lui dit-il, je vous préviens qu'il ne faut

plus songer à ma belle-fille. *Primo* : parce qu'elle ne vous aime pas pour le mariage ; *secundo* : parce que je ne suis pas décidé à la marier.

Julien s'éloigna brusquement sans répliquer.

— V'là un particulier qui a l'air brutal, dit Guilmet à sa femme.

Le pauvre garçon était accablé, et ce peu de paroles devait produire dans sa cervelle un bourdonnement terrible. Et c'est le cas de répéter la vieille comparaison : « La foudre fût tombée à ses pieds, il n'eût pas été frappé d'une terreur plus grande. »

Quelques jours plus tard, — le 25, — il rencontra Guilmet.

Il l'invita à prendre un verre chez un marchand de vin pour causer.

Il renouvela ses propositions, et Guilmet, après lui avoir reproché de ne pas lui avoir fait part de ses intentions avant de parler à Arsène, ajouta :

— Plus tard, dans deux ans, quand elle sera majeure, elle décidera. Je n'empêcherai pas le mariage ; quant à l'argent, si vous comptez dessus, je vous préviens qu'elle n'en a pas.

— Ah ! s'écria Julien, je voudrais qu'on n'eût jamais dit qu'elle pouvait avoir un sou. Enfin reprit-il d'un ton résigné, puisqu'elle ne m'aime pas et que je ne puis la revoir, je quitterai Paris, j'irai en Belgique...

— Enfin vous devenez plus raisonnable ?

— J'avais pour elle une *estime* particulière.

Le malheureux parlait de sa passion *au passé*; jamais elle n'avait été si violente !...

Le lendemain il guettait Arsène au coin du passage du Cheval-Rouge et de la rue du Ponceau.

Il était six heures du matin. Il faisait un froid vif et pénétrant.

Pendant près de deux heures il attendit adossé à la boutique d'un marchand de vin.

Vers huit heures, à l'extrémité du passage, celle qu'il attendait apparut.

Un panier au bras, la jeune ouvrière se rendait à son atelier.

Il alla à sa rencontre.

— Arsène, lui dit-il en l'abordant, qu'a décidé votre beau-père ?

— Vous le savez, monsieur Julien, laissez-moi passer mon chemin, je vous prie.

Julien la suivit un instant en silence.

Elle allait sortir du passage ; il se plaça devant elle, d'un air menaçant :

— Il faut en finir, dit-il d'une voix sourde; que veut Guilmet ? Est-ce oui, ou non ?

— Laissez-moi, monsieur, je vous en prie.

— Allons ! je vois que nous ne serons jamais l'un à l'autre.

En prononçant ces mots, Julien porta la main à la poche de côté de son paletot en tira un couteau-poignard tout ouvert, et leva son arme sur Arsène.

Celle-ci para avec les mains et se blessa légèrement.

Elle fut atteinte à l'aine.

Elle se sauva en criant chez un charbonnier.

— Courez vite ! criait-elle, il va se tuer.

Elle ne se trompait pas.

Julien, au moment où l'on s'empressait autour de lui, venait de se porter deux coups de couteau, un à la poitrine, l'autre au bas-ventre.

On le transporta au poste. Il fut mis en état d'arrestation ; Arsène, peu de jours après, était hors de danger.

Le 30 janvier 1828, le malheureux Julien comparut devant la cour d'assises de la Seine.

L'attentat étant prouvé, il restait à l'accusé d'écarter la préméditation. Sur ce dernier point se concentrait tout l'intérêt du procès.

— Si j'avais eu l'intention de lui donner la mort, dit Julien, je l'aurais poursuivie ; mais au contraire, je la laissai s'éloigner, et je ne songeai plus qu'à mourir.

— Pourquoi votre couteau était-il tout ouvert dans votre poche ?

— Je l'ai ouvert moi-même dans ma poche, en le saisissant des deux mains à la fois.

M. le Président insiste sur l'invraisemblance d'une telle action. Julien proteste qu'il dit la vérité.

Arsène Chevalier est entendue.

Après avoir expliqué la nature de ses relations avec Julien, elle arrive au point capital :

— Le 26 au matin, dit-elle, je le rencontre, il me demande ce que papa m'a dit : « Vous le savez bien, lui répondis-je, laissez-moi passer. » Il insiste ; puis il me prend le bras... il me frappe... *il avait son couteau ouvert dans la poche...*

Comme elle prononçait ces mots, Arsène rencontre le regard de Julien ; elle pâlit et perd connaissance.

Revenue à elle, elle est de nouveau interrogée.

M. le Président. — Le couteau, disiez-vous, était tout ouvert dans la poche de Julien ?

Arsène. — Je n'ai pas distingué. J'aperçus seulement quelque chose qui brillait.

— Quand vous avez vu briller ce couteau dans la main de Julien, vous tenait-il de l'autre main ?

— Il me tenait par l'épaule.

— Vous en êtes bien sûre ?

— Oui, il me tenait l'épaule avec la main gauche.

— L'a-t-il quittée pour prendre le couteau ?

— Non, monsieur.

Le Président à Julien. — Vous voyez, si vous teniez Arsène par l'épaule, vous n'avez pu vous servir de vos deux mains pour ouvrir votre couteau.

Julien. — Arsène n'a pu faire attention à ce que je faisais.

Guilmet est entendu, il ne ménage pas l'accusé.

Arsène, rappelée, déclare que Julien l'a d'abord frappée au bas-ventre, qu'elle s'est défendue contre les autres coups et les a reçus dans les mains.

— Elle ne parle pas selon sa conscience, réplique Julien

avec un accent douloureux. Je ne lui ai porté qu'un seul coup... Comment pouvez-vous soutenir cela ? Grand Dieu ! après m'avoir réduit à ce triste état, vous voulez encore me perdre par de faux témoignages !

Il ne peut retenir ses larmes.

La préméditation fut écartée et l'infortuné fut condamné aux travaux forcés à perpétuité et à la flétrissure.

Il se retira calme et sans proférer une parole.

JULES BEAUJOINT.

FIN D'ARSÈNE ET JULIEN

La publication des *Mémoires de Poncet*, écrits par lui-même, est terminée. — Prix de l'ouvrage complet chez tous les libraires, 2 francs 50 centimes. Pour le recevoir *franco*, adresser 2 fr. 50 cent. en timbres-poste ou mandat-poste à M. FAYARD, 49, rue des Noyers, à Paris. — L'ouvrage se vend aussi en livraisons à 10 cent., chez les libraires.

L'ABBÉ

ROUBIGNAC

HORRIBLES TORTURES — ATROCES VOLUPTÉS

PAR

DE LA BRUGÈRE

L'ABBÉ ROUBIGNAC

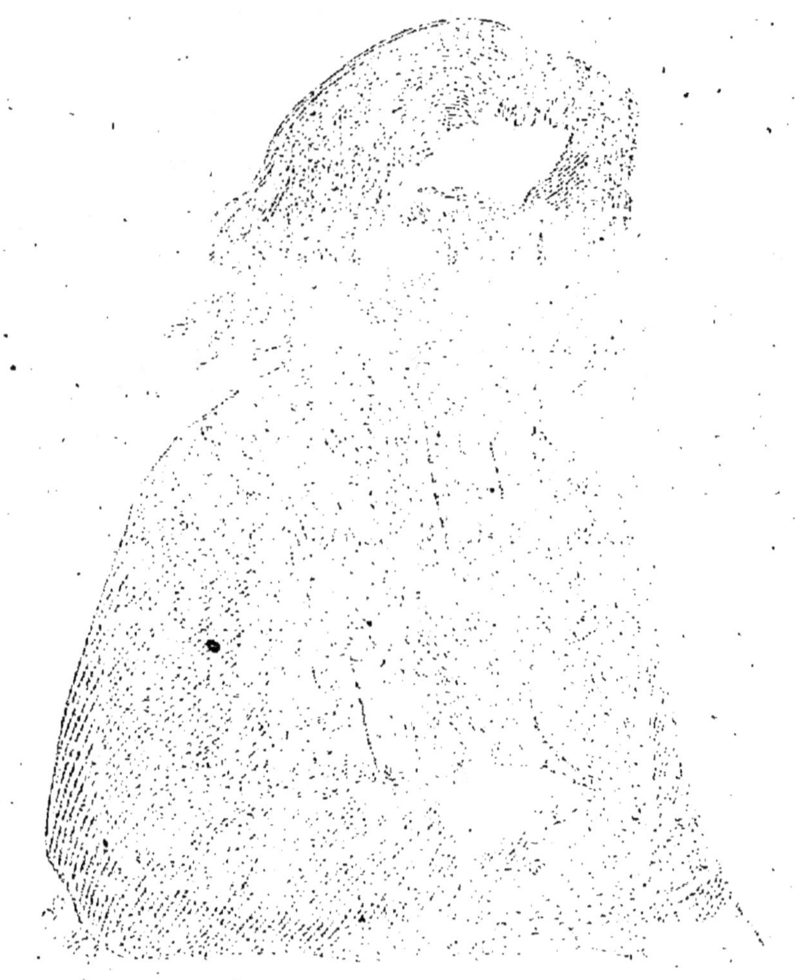

L'ABBÉ ROUBIGNAC

Roubignac.

I

Il y a trentre-quatre ans que s'est passé le drame judiciaire que nous allons raconter.

Quoique sommairement consigné dans la *Gazette des Tribunaux*, il est pour ainsi dire inconnu et ne figure dans aucun recueil actuel.

Le peu de bruit que fit ce procès s'explique par sa date elle-même. Les débats de l'affaire des accusés d'avril s'étaient ouverts le 5 mai 1835. Ils touchaient à leur fin quand eut lieu l'attentat de Fieschi, qui figurera prochainement dans notre collection.

L'immense émotion causée par les débats de ces deux affaires, dans lesquelles étaient en jeu des intérêts politiques de la plus haute importance, fut cause que le procès de l'abbé Roubignac, malgré les éléments de curiosité et les enseignements qu'il renferme, passa presque inaperçu.

Cette cause célèbre offre donc tout l'attrait de l'inédit. Nous réservons à nos lecteurs plus d'une surprise du même genre.

Dans la matinée du 21 mai 1835, la ville d'Albi, si calme en temps ordinaire, présentait un spectacle inaccoutumé.

Des paysans, pittoresquement costumés, arrivaient par bandes des villages voisins, entraient dans les auberges pour en ressortir presque aussitôt, après s'être rafraîchis à la hâte.

Les ateliers, les magasins se fermaient, et une foule bruyante et bigarrée se dirigeait à pas pressés vers le centre de la ville.

Dans les rues qui séparent le Palais de justice de la

maison d'arrêt, stationnaient des groupes nombreux et affairés ; au milieu de ces groupes, des orateurs de circonstances péroraient avec cette fureur de gesticulation particulière aux Méridionaux.

Évidemment on était dans l'attente d'un grave événement ou d'une exhibition insolite.

Quelle était la cause de ce mouvement inaccoutumé ?

Quelle *great attraction* avait pu rassembler sur un même point cette foule hétérogène, composée de deux éléments bien distincts, et dans laquelle l'attitude des uns semblait triomphante et pleine d'espoir, et l'attitude des autres morne et quasi indignée ?

La cour d'assises du Tarn, siégeant à Albi, devait procéder ce jour même, 21 mai, au jugement de l'abbé Roubignac, accusé d'avoir causé la mort d'une jeune fille de dix-huit ans, Louise Faramond, par des mauvais traitements d'une nature particulière, et dans des circonstances inouïes dans les fastes judiciaires.

Ainsi qu'il arrive inévitablement quand un ecclésiastique est en cause, l'accusé avait ses ennemis et ses partisans.

Ceux-ci le regardaient presque comme un martyr, comme une victime de l'esprit de parti et d'irréligion ; ceux-là comme un monstre digne du dernier supplice.

Aussi plus d'une bourrade fut échangée, ce jour-là, entre catholiques et protestants, entre fidèles et libres penseurs.

Néanmoins le sentiment qui dominait cette foule par-dessus tout, qui la tenait haletante d'impatience sous les rayons perpendiculaires du soleil du Midi, c'était la curiosité.

Tout à coup un cri, parti des environs de la maison d'arrêt, se répéta de groupe en groupe, avec une prodigieuse rapidité, jusqu'au Palais de justice. La troupe s'était formée en colonne compacte. Le voilà !

Les discussions s'apaisèrent comme par enchantement, les conversations cessèrent, une double haie de curieux se forma, et tous les cous se tendirent dans la même direction.

Ce n'était pas une fausse alerte.

Entre deux piquets de gendarmes, l'abbé Roubignac marchait la tête haute, la mine souriante, supportant bravement le choc des milliers de regards fixés sur lui.

Il était vêtu de noir, mais sans soutane. C'était un homme de haute stature, fortement râblé. Ses traits étaient réguliers et vigoureusement accentués. Ses cheveux étaient noirs; l'ensemble de sa personne accusait une nature énergique et résolue.

La distance, peu considérable du reste, qui sépare la prison du tribunal fut rapidement franchie.

Dans la cour du Palais de justice, un piquet d'infanterie avait été posté pour le maintien de l'ordre.

En entrant dans cette cour, Roubignac regarda ce piquet avec un étonnement affecté, haussant les épaules et boutonnant les manchettes de sa chemise brodée.

« A quoi bon tout cela ? » s'écria-t-il d'un air dégagé ; et d'un pas assuré il monta lestement les marches du prétoire.

La salle d'audience était depuis longtemps remplie de spectateurs privilégiés.

La troupe fut obligée de contenir la multitude qui s'était formée en colonne compacte derrière le cortége.

On entendit quelques exclamations de désappointement, quelques cris de colère ; puis la foule se dispersa lentement.

Quelques groupes de curieux persistèrent néanmoins à stationner sur la place du Palais, attendant avec impatience l'issue des débats.

L'abbé Roubignac semblait s'être tracé un rôle qu'il eut le triste courage de remplir jusqu'au bout ; son attitude devant la cour fut pleine d'assurance ; c'est d'une voix mielleuse, avec une onction affectée, presque en minaudant, qu'il répondit aux questions du président.

Interrogé sur ses noms, prénoms, âge, lieu de naissance et profession, il déclare, en jouant avec les bouts flottants de sa cravate, s'appeler Jacques Roubignac, âgé de 27 ans, prêtre, né à Lescure près d'Albi.

L'interrogatoire terminé, le président ordonne au greffier de donner lecture de l'acte d'accusation.

Nous croyons devoir reproduire en entier cet important document qui renferme tout le procès.

Nos lecteurs savent avec quelle scrupuleuse exactitude, avec quel respect de la vérité ce recueil est rédigée. Néanmoins, dans un certain ordre de réalités presque invraisemblables, il importe d'éviter tout reproche d'exagération.

Il nous serait d'ailleurs impossible d'exposer plus clairement les faits, et d'atteindre à cette prudence de rédaction qui est le propre de la magistrature.

II

ACTE D'ACCUSATION.

La demoiselle Élisabeth-Louise Faramond, fille d'un honnête marchand de Valence, mourut dans cette ville le 4 janvier 1835. Elle avait à peine atteint sa dix-huitième année, et sa fraîcheur, son embonpoint, qui brillaient encore de tout leur éclat à la fin du mois de novembre précédent, n'avaient pas préparé sa famille et ses amis à une mort aussi prompte que prématurée. Il est vrai que le mois de décembre l'avait vue dépérir rapidement ; et cette transition subite d'un état de santé florissant à un délabrement inexplicable avait autorisé des bruits que la mort ne fit qu'aggraver.

On avait dit d'abord bien bas, aujourd'hui on disait hautement qu'Élisabeth-Louise Faramond avait succombé aux mauvais traitements, à des traitements atroces exercés sur le corps de cette fille, remarquable durant sa vie par sa piété, par la pureté de ses mœurs, par une chaste timidité.

M. le maire de Valence, qui avait recueilli non-seulement la rumeur publique, mais les douloureuses plaintes d'un père privé sitôt de son enfant, les transmit à M. le juge de paix du canton ; et ce magistrat, que des *ménagements excessifs* avaient détourné d'accomplir plus tôt un impérieux devoir, ne dut plus perdre un instant.

Le jour de la mort, il se transporta auprès du cadavre ; il y revint le lendemain, toujours accompagné d'un officier de santé du lieu.

On remarqua sur ce cadavre, et sur chaque sein, à deux travers de doigts à peu près du mamelon, un peu du côté interne, les traces d'une plaie de forme ronde ; celle du sein droit recouverte encore d'une croûte de la grandeur d'une pièce de quinze sous, celle du sein gauche presque cicatrisée.

On remarqua, immédiatement au-dessous des seins et dans le pourtour correspondant du corps, l'empreinte circulaire exactement dessinée d'un instrument en forme de ceinture, qui avait dû rester appliqué pendant un certain temps, et qui, d'après les traces bien apparentes, n'était autre qu'une chaîne en fil de fer ou de laiton, à bords festonnés, de deux travers de doigt de largeur, et hérissés de pointes qui étaient entrées dans la peau, surtout à chaque côté du corps, où l'on voyait deux croûtes noirâtres, et au dos, où l'on remarquait plusieurs trous parsemés qui étaient encore béants.

On remarqua les traces de certaines lésions sur les deux avant-bras. Le droit, sur la face palmaire du radius, présentait une petite plaie recouverte d'une croûte de la grandeur d'une pièce d'un franc ; le gauche, sur la face palmaire du cubitus surtout, présentait des marques de plusieurs piqûres déjà peu apparentes, mais qui avaient laissé des ecchymoses sensibles.

On remarqua sur chaque sein, à la partie postérieure, une plaie non cicatrisée et parallèlement située.

On remarqua sur le devant, et un peu en dehors des deux cuisses, quelques ecchymoses irrégulièrement disséminées, et aux environs quelques petites cicatrices.

On voyait aussi sur le derrière de la cuisse gauche, au milieu de sa longueur, une plaie recouverte d'une croûte de la grandeur d'une pièce de deux francs.

L'homme de l'art déclara que toutes ces lésions dataient de plus de vingt jours ;

Que quelques-unes pouvaient être l'effet d'un corps brûlant ;

Que les ecchymoses avaient été produites par des corps en quelque sorte contondants, et qui avaient dû meurtrir sans couper ni diviser la peau.

Les premiers renseignements, qui ne parvinrent à M. le procureur du roi d'Albi que le 9 janvier, lui persuadèrent la nécessité de nouvelles recherches.

D'ailleurs, des accusations déjà dirigées contre la vertu de la demoiselle Faramond faisaient un devoir d'éclaircir ces doutes et de venger sa mémoire.

Exhumé le 13 janvier, et vérifié par deux nouveaux

officiers de santé, le cadavre leur présenta à l'extérieur les mêmes phénomènes. Cependant des hommes de l'art avaient mission de pousser plus loin les recherches.

Ils constatèrent que la demoiselle Faramond n'était pas enceinte, et qu'elle était morte avec sa virginité. Mais ils constatèrent aussi d'autres désordres, qui annonçaient qu'elle avait été victime de la plus hideuse dépravation.

Qui donc avait ainsi piqué, flagellé, meurtri, déchiré, brûlé, flétri d'une manière infâme le corps de la jeune fille?

Qui avait martyrisé cette vierge que tant de jeunesse et une vie si pure ne pouvaient pas avoir condamnée à des macérations réservées tout au plus, s'il pouvait être vrai qu'elles soient agréables au Dieu essentiellement bon, réservées tout au plus à des pécheurs invétérés?

Certes, on ne pouvait pas croire que sa résignation et ses mains eussent suffi à tant de cruauté.

Il y avait même certaines parties de son corps dont les lésions attestaient au moins le concours d'une main étrangère.

Aussi la voix publique nommait-elle l'abbé Roubignac, vicaire de Valence; et déjà mieux instruite et plus prompte que l'autorité judiciaire, l'autorité ecclésiastique, qui avait fait son enquête et recueilli ses preuves, avait éloigné le malfaiteur du théâtre de ses méfaits; et, tandis que plus tard on l'a présenté comme une victime immolée à l'esprit de parti et d'irréligion, déjà le prélat qui gouverne le diocèse d'Albi avait fait écrire à l'abbé Roubignac qu'il n'était bruit dans tout le diocèse que de ses scandales, et qu'on désirait *qu'il fût plus blanc devant Dieu que devant les hommes.*

L'autorité judiciaire, qui avait aussi ses devoirs à remplir et ses châtiments à exercer, n'eut donc qu'à suivre la voie ouverte par l'autorité ecclésiastique, qu'à entendre ceux qu'elle avait entendus. Voici le résultat des recherches judiciaires :

L'abbé Roubignac, venu à Valence depuis peu, n'avait pas tardé à compter au nombre de ses pénitentes Élisabeth-Louise Faramond. Il n'avait pas tardé à découvrir ce qu'il y avait en elle de piété, de religion, mais aussi de crédulité et de bigoterie. Il avait exploité cette disposition et imposé à cette jeune fille des pratiques religieuses et ostensibles qui absorbaient tous ses moments.

Elle était à l'église dès l'aurore, elle y était encore à une heure avancée de la nuit, et c'était au point que ses parents, quoique très-pieux, gémissaient de cet excès de ferveur.

Toutefois, ces exercices de piété, propres à satisfaire intérieurement la demoiselle Faramond, ne pouvaient pas altérer sa santé ; et pourtant vers la fin du mois de novembre, au commencement de décembre surtout, elle devint triste, sa fraîcheur disparut, son teint commença à se faner, ses mouvements étaient lents et difficiles.

Bientôt elle ne put plus s'asseoir et se lever qu'avec peine. Un soir, le 11 décembre, comme elle montait l'escalier pour se rendre dans sa chambre à coucher, elle demanda du vinaigre et s'évanouit.

On la secourut, on l'interrogea ; mais elle repoussait les soins qui lui étaient prodigués. Elle attribuait son mal à une indigestion. Cependant rien n'indiquait une telle cause, et l'état de souffrance continuait, et une tout autre cause de ce douloureux état se manifestait ; car ses linges étaient teints de sang, et les parentes, les amies qui l'approchaient découvraient sur son corps des lésions, des plaies, qu'on la voyait occupée à leur cacher.

Sa mère n'en persistait pas moins à la presser de questions. Enfin, la nature et la douleur l'emportèrent ; elle avoua à la longue, peu à peu, mais enfin elle avoua que l'abbé Roubignac lui avait procuré, avait placé autour de son corps, livré nu aux regards du coupable directeur, ce cilice que sa mère ne put lui arracher, qu'elle dut arracher elle-même, en poussant malgré sa résignation, un cri de douleur, et dont les pointes ne se détachèrent qu'en emportant des lambeaux de la chair de cette infortunée.

Elle avoua que, non content de cette action malhonnête, de ce supplice cruel et permanent, l'abbé Roubignac avait, avec un couteau, déchiré son bras droit, enfoncé des épingles dans son bras gauche, brûlé ses seins et ses f..... avec un tison ardent, flagellé les plus secrètes parties de son corps avec une discipline de fil de fer et à pointes aiguës.

Elle avoua que, pour pratiquer ces mauvais traitements,

il l'attirait chez lui, dans sa chambre, fermant la porte à clef et tirant les rideaux des croisées.

Elle avoua qu'il avait voulu arracher... ou couper ses mamelons, et que c'étaient les seuls actes de barbarie auxquels le pressentiment d'une trop vive douleur lui avait donné le courage de résister.

Elle avoua qu'un jour où sa mère, inquiète, comme devait être une mère, avait prié Roubignac, venu chez elle, d'interroger sa fille, il avait écarté son frère et sa sœur et recommencé ses flagellations.

Elle ajouta que ce jour-là il l'avait brusquement prise par le bras, l'avait soulevée du fauteuil où elle était assise, qu'il avait voulu voir les plaies de son corps, et *qu'il l'avait beaucoup fait souffrir.*

C'est ainsi qu'il accomplissait les recommandations maternelles ! c'est ainsi qu'il questionnait la malade et tâchait de la guérir !

Sans répondre positivement à une autre question que lui adressait la mère, et qui paraissait embarrasser la jeune fille, elle laissa tomber ces mots : « Je vous en ai assez dit ; et comme ce premier aveu à sa mère l'avait enhardie à faire de nouveaux aveux aux parents, aux amies qui l'interrogeaient, comme elle se sentait désormais affranchie de ce secret, qui lui fut imposé comme une *loi divine*, elle disait à l'une de ses amies jouissant d'une santé parfaite : « *Sans l'abbé Roubignac, je me porterais bien aussi.* » Elle disait à une autre : « *J'ai bien pu supporter le cilice, mais je n'ai pas pu suppor-*

ter le reste. » Sans désigner ce qu'elle entendait par ces mots.

Il importe donc peu qu'Élisabeth-Louise Faramond soit décédée sans avoir été interpellée judiciairement.

L'état de son corps, la nature et la place de ses blessures, enfin ses lentes et naïves confidences démontrent assez que l'abbé Roubignac lui avait fait tous ces maux.

Ce qui lève tous les doutes, c'est qu'elle fit les mêmes aveux au respectable curé de Valence ; et ce prêtre, qui ne les avait pas reçus sous le secret de la confession, n'aurait pas pu se refuser à les communiquer à la justice, car la justice a aussi le pouvoir d'obtenir la vérité, et les prêtres n'ont pas le privilége de ne relever que d'une juridiction.

Un noir mystère restait à éclaircir. L'auteur des blessures était connu. Quels étaient ses motifs ?

Comme durant les atroces souffrances qu'il lui procurait, il exigeait, de sa victime, qu'elle récitât *cinq pater* et *cinq ave* ; comme il l'encourageait par ces mots : *Courage, ma fille, courage !* et qu'il lui rappelait la passion de Jésus ; comme interrogé sur l'emploi auquel il destinait la discipline qu'il avouait s'être procurée, il avait répondu qu'il l'avait fait faire pour son usage, on pouvait croire qu'entraîné par un faux zèle, l'abbé Roubignac avait pensé être agréable à Dieu en infligeant aux autres les austérités, les macérations, qu'il se serait infligées lui-même.

Mais déjà le choix de la victime annonçait que, loin de

là, il n'avait cherché, dans les douleurs et dans les déchirements de la jeune vierge, que d'abominables voluptés pour lui-même, et, peut-être, qu'il ne l'avait ainsi martyrisée que pour l'étourdir sur l'infâme moyen employé afin d'assouvir sa brutale passion.

Les mots équivoques, les réticences de celle dont les yeux ne se dessillaient qu'au moment de les fermer pour jamais, confirmaient ces premières conjectures.

Tous les doutes furent levés quand la justice eut acquis des renseignements certains sur la conduite, sur les mœurs de l'abbé Roubignac.

Il a été constaté que ses déréglements n'avaient pas permis de le laisser longtemps desservir la même paroisse, et que les prêtres, dont il devenait le subordonné, ne le voyaient arriver qu'avec répugnance.

Il a été constaté qu'il attirait chez lui les jeunes filles ; qu'il demeurait avec elles fort avant dans la nuit.

Que même en public, il ne se défendait pas assez d'avoir avec elles des familiarités qui trahissaient ses secrètes dispositions.

Six jeunes filles et une veuve ont d'ailleurs déposé dans l'instruction et ont fait connaître à la justice d'autres faits.

L'une d'elles notamment a raconté les infâmes excès auxquels l'abbé Roubignac se livra envers elle.

Et c'était le jour de la Fête-Dieu ! et il est trop vrai que peu d'instants après l'abbé Roubignac célébra la grand'messe et porta le saint sacrement à la procession.

Ce n'est pas la seule profanation imputable à l'abbé Roubignac. Il disait à ces jeunes filles, dont il n'avait pu vaincre la résistance : *Qu'il n'avait voulu que les éprouver, les engageant à persévérer dans leur sagesse !*

La chambre des mises en accusation n'a pas cru qu'aucun des faits révélés par les témoins eût été accompagné de ces actes de violence qui, seuls, constituent le crime d'attentat à la pudeur.

Mais ces faits restent dans la procédure comme des témoignages irrécusables des motifs qui avaient dirigé l'abbé Roubignac, quand il tourmentait de tant de cruelles façons le corps d'Élisabeth-Louise Faramond.

Ces excès, ces blessures, ces tortures, ne pouvaient pas seulement constituer des actes de la plus dégradante immoralité : avaient ils occasionné la mort de la victime ?

Suivant le premier rapport médical, certaines lésions auraient été la cause immédiate de la mort de la demoiselle Faramond, ce qui expliquait les symptômes de fièvre ataxique observés durant la maladie.

Mais ces blessures, à raison de leur multiplicité, de leur position, de la gravité de plusieurs d'entre elles, devaient être rangées parmi les causes prédisposantes de la maladie, et ayant aggravé les souffrances, elles avaient exercé quelque influence sur son issue funeste, sans l'avoir occasionnée directement.

Suivant le second rapport médical, les plaies et les ecchymoses n'auraient pas occasionné sa mort d'une manière directe ou indirecte.

Arrestation de Roubignac.

En présence de ces opinions contraires, la chambre des mises en accusation n'a pas cru qu'il y eût, pour le

Élisabeth Faramond.

moment, des indices suffisants que les blessures aient occasionné la mort.

Mais restaient les blessures ; évidemment et indépendamment de la fièvre ataxique, en supposant qu'on pût l'isoler tout à fait de l'influence des lésions extérieures, ces blessures avaient occasionné une maladie ou incapacité de travail personnel de plus de vingt jours ; car la plupart dataient des premiers jours de décembre et n'étaient pas cicatrisées le 4 janvier.

Le médecin de Valence dit formellement dans son rapport, que les blessures non cicatrisées remontaient à plus de vingt jours ; et il résulte de la procédure qu'au moment où, en déchirant les chairs, il fut arraché du corps de la victime, le cilice était posé depuis plus de vingt jours.

Or, la durée de toutes ces maladies locales suffit pour constituer un crime.

L'abbé Roubignac, qui l'a senti, qui avait trop bien préparé, combiné, ménagé ces excès, pour n'avoir pas agi avec préméditation, a voulu se soustraire à cette trop juste conséquence.

Il avait quitté Valence dès le 1er janvier ; il l'avait quitté par ordre supérieur.

Arrêté à Lavaur, le 9 janvier, il contestait avoir jamais desservi l'église de Valence.

Il a d'ailleurs tout nié, se bornant à avouer qu'il avait procuré à la demoiselle Faramond le cilice, mais sans l'avoir posé lui-même.

Ces dénégations, si naturelles de la part de celui qui, n'ayant pas respecté la vertu dans l'un de ses plus intéresssants modèles, ne pouvait pas mieux respecter la vérité, ne sauraient prévaloir sur les dires de sa victime.

Recueillis par tant de témoins, par de si respectables témoins, ces dires justifient la décision déjà portée contre le prêtre indigne, qui, s'il a compromis et souillé un saint caractère, n'a pu ni compromettre la religion dont il ne méritait pas d'être le ministre, ni souiller un clergé que ses vertus garantissent de semblables atteintes.

En conséquence, ledit Jacques Roubignac, prêtre, ex-vicaire de Valence, est accusé d'avoir volontairement, et avec préméditation, porté des coups et fait des blessures à la demoiselle Élisabeth-Louise Faramond, desquels coups et blessures est résultée une maladie ou incapacité de travail de plus de vingt jours, crime prévu par les articles 309 et 310 du Code pénal, qui prononcent les travaux forcés à temps.

Après cette lecture, le président énumère les principales charges qui pèsent sur l'accusé.

Le procureur du roi prend ensuite la parole ; il s'attache surtout à démontrer que la condamnation de Roubignac ne peut faire aucun tort à la religion.

« Tous les partis, s'écrie-t-il, tous les hommes vraiment religieux, doivent repousser l'infâme Roubignac ; c'est un monstre, un homme à part dans la nature. »

La cour ordonne le huis clos pour l'audition des témoins dont nous allons rapidement analyser les dépositions.

De nombreux témoignages établissent de la manière la plus évidente la culpabilité de Roubignac, quant aux faits relatifs à Louise Faramond.

Les dépositions qui excitent le plus d'intérêt sont celles de deux prêtres, anciens collègues de Roubignac.

Le premier explique les causes qui ont décidé l'autorité ecclésiastique a faire quitter Lavaur à l'accusé pour l'envoyer à Villeneuve.

Il avait avec certaines jeunes filles des familiarités suspectes.

Le second, curé de Villeneuve, raconte au tribunal, non sans force réticences, avec quelles répugnances il vit arriver Roubignac comme vicaire dans sa paroisse ; on fut bientôt forcé de l'envoyer à Valence :

« Je ne veux pas vous dire, ajoute ce prêtre, si j'ai fait ou n'ai pas fait de rapport contre lui à l'archevêque ; peut-être oui, peut-être non. »

Ce témoin passe pour avoir reçu de l'accusé, à Villeneuve, ce qu'on appelle dans le pays *une bonne rincée.*

Plusieurs femmes et jeunes filles racontent, avec un embarras bien naturel, que l'abbé Roubignac a commis contre elles les plus infâmes tentatives.

Nous ne donnerons ici ni la brillante plaidoirie de M⁰ Boyer, chargé de la tâche ingrate de défendre Roubignac, ni le résumé des débats. Nos lecteurs sont suffisamment édifiés.

Le jury se retire dans la salle de délibération, et en

ressort au bout d'un quart d'heure avec un verdict affir-matif sur tous les points de l'accusation.

L'accusé écoute en souriant l'arrêt de la cour qui le condamne à douze années de travaux forcés, et lui fait grâce de l'exposition ; il salue gracieusement la cour et l'auditoire stupéfait, et se retire avec cette aisance qui ne l'a pas un instant abandonné.

L'abbé Roubignac se pourvut en cassation ; son pourvoi fut accueilli pour défaut de forme : dans le libellé du jugement, on avait omis, en effet, de fixer la durée de la contrainte par corps.

La cour d'assises du Tarn, devant laquelle il fut renvoyé le 17 décembre suivant, confirma purement et simplement.

Avant de terminer, nous devons réparer l'oubli que nous avions fait d'une circonstance bizarre de ce singulier procès.

Lors des premières poursuites, l'archevêque avait écrit aux conseillers de la cour royale une lettre de quatre pages, demandant un arrêt de non-lieu, et affirmant que Roubignac *était la victime de l'esprit de parti et d'irréligion*, et que jamais il n'avait interdit cet abbé, *qui était un des meilleurs prêtres de son diocèse.*

FIN DE ROUBIGNAC.

Nous publierons incessamment les procès des **BAN-
DITS CORSES CÉLÈBRES.**

THÉODORE

POLI, GALLOCCHIO, LE ROSSO DE BASTELICA

FRANCESCHINO COLONNA

FERRANDO D'AQUENZA, SERAFINO

a bande MESSONI

SAINTE-LUCIE

GAMBINI DI CORTE

SERPENTI

DES CUCCHI, etc.

DUMOLLARD

LE FAUVE DE LA BRESSE

« Cet homme avait un cimetière quelque part. »
(*La voix publique.*)

PAR

G. SOL

DUMOLLARD

I

UN SOIR DE FOIRE

Le 26 février 1855, jour de foire à Montluel, arrondissement de Trévoux, département de l'Ain, une carriole attelée d'un seul cheval quittait cette localité et prenait la route de Trannoye.

Deux personnes seulement étaient assises sur la banquette, Fur, fermier, et un ecclésiastique.

Il était six heures environ.

La route présentait un spectacle extrêmement animé, surtout aux abords de la petite ville. Chacun, quittant la foire, prenait le chemin du logis.

La nuit arrivait; l'obscurité grandissait de minute en minute : aussi les retardataires se hâtaient, pressaient le pas des bestiaux qui beuglaient, mugissaient, piaillaient, criaient, gloussaient, appelant le repas du soir.

En sortant de Montluel, la carriole ne put aller qu'au pas. Fur avait assez de peine à éviter les bêtes de toute espèce qui se précipitaient sous les roues, sans compter les hommes et les femmes qui, pour sauver les animaux d'un danger souvent imaginaire, s'exposaient eux-mêmes à un péril imminent.

Peu à peu la cohue diminua, s'écoulant par toutes les voies latérales; et lorsque la voiture s'engagea dans le chemin vicinal qui conduit à Trannoye, le fermier put enfin lancer son cheval.

— Nous arriverons tard? fit le prêtre en consultant sa montre.

— A sept heures et demie vous serez à table.

— A propos, savez-vous ce qu'on m'a raconté chez le curé de Montluel?

— Quoi donc?

— Un crime horrible...

— Encore! exclama le fermier.

— Le fait est que depuis quelque temps on n'entend parler que d'attentats odieux... Il paraît, qu'il y a quelques jours, on a retrouvé dans le Rhône, au-dessous du pont de Barry...

— Au pont de Barry!... interrompit Fur avec effroi, entre ces deux montagnes, au fond de cette gorge, aucun cri ne peut être entendu!...

— Le lieu était bien choisi, répliqua le curé, qui continua : à cent mètres en aval, on a découvert un cadavre de femme complétement nu.

— Sans aucun vêtement?

— Sans rien qui pût la faire reconnaître.

— L'assassin a tout enlevé?...

— La malheureuse portait plusieurs traces de coups

de couteau à la gorge et sur la figure ; elle avait deux côtes enfoncées, comme par la pression d'un genou fortement appuyé sur la poitrine ; enfin...

— Enfin ?

— Elle avait subi un suprême outrage, ainsi que l'a constaté le médecin de Miribel.

— Oh !

— Ce crime a fait d'autant plus de bruit, que, si vous vous souveniez, il y a deux ans, un autre cadavre de femme fut découvert au même endroit, et dans des circonstances à peu près analogues.

— En effet, je me le rappelle maintenant.

— Il est probable que le même meurtrier a commis ces deux forfaits.

— On finira bien par le trouver.

— Il faut bien l'espérer.

— Tenez, monsieur le curé, les assassins ont beau faire, un jour ou l'autre ils sont pincés, et tout se découvre.

La voiture venait d'atteindre une montée assez rapide ; Fur ralentit l'allure de son cheval. La route traversait un taillis épais, qui termine un bois, connu dans le pays sous le nom de forêt de Montaverne.

— C'est terrible, reprit le fermier ; et dire qu'on est exposé tous les jours à des rencontres semblables !

— Aujourd'hui, du moins, nous n'avons rien à craindre, répondit le curé en plaisantant ; il y a trop de monde sur les chemins...

— Moi, je n'ai pas peur, répliqua Fur ; à moins qu'on ne me tombe d'un coup de fusil, je…..

Le fermier s'arrêta subitement.

Un cri venait de troubler le silence de la nuit, sur la droite, au plus épais du fourré…..

— Avez-vous entendu, monsieur le curé ?

— Oui.

— Écoutez !…

Un nouveau cri, plus strident que le premier, retentit….

— Au secours ! On appelle au secours ! s'écria le fermier, qui sauta à terre.

Il arrêta son cheval.

— De quel côté ?… demanda le curé.

— Je ne sais trop.

Les deux hommes restèrent immobiles, retenant leur haleine, émus, plus qu'ils n'eussent voulu l'avouer.

Quelques secondes s'écoulèrent : puis, ils entendirent comme un gémissement étouffé, un râle… mais si faible, qu'il était impossible de distinguer la nature et la direction de ce bruit extraordinaire.

Après avoir attendu cinq minutes encore, Fur remonta sur sa voiture.

— Ce n'est rien, fit le curé, quelque hibou peut-être.

— Non, répondit le fermier, ce n'est pas cela.

— Qu'est-ce donc ?

— Quelque jeune porc qui se sera perdu dans le bois, en revenant de la foire.

— Vous croyez ?

— J'en suis presque sûr... J'ai remarqué souvent, qu'au milieu de la nuit, rien ne ressemble autant au cri de l'homme que le cri du cochon.

Cinq minutes après on atteignit le haut de la côte. Un groupe de cinq à six personnes cheminait péniblement : chacun se découvrit à la vue du curé.

— Eh ! la mère Grandjean, demanda Fur, n'avez-vous rien entendu, il y a quelques instants ?

— Des cris de détresse, des cris de femme !...

— Mais non !... s'écria quelqu'un, des gémissements d'enfant.

— Nous sommes loin d'être d'accord, dit le curé ; Fur prétend que c'était un verrat appelant sa truie ; moi j'ai cru que c'était un hibou.

— Bah ! ce n'est rien, appuya un paysan.

— Bonsoir, mes amis, dit le curé.

— Bonsoir, bonsoir !

— Eh ! dit la mère Grandjean, comme vous arriverez avant nous, dites donc chez moi qu'on me tienne la soupe chaude.

La carriole disparut ; et les piétons continuèrent leur route sans s'occuper davantage de cet événement insolite.

. . . .

A cent pas environ en arrière du groupe, une tête d'homme parut sur le bord de la route.

De ses deux mains, l'inconnu écarta les branches du taillis, jeta sur le chemin un regard investigateur.

Ne voyant rien de suspect, il s'élança, franchit le fossé; et prit sa course du côté opposé à Trannoye.

Il portait sous son bras un paquet assez volumineux, paraissant contenir des habits de femme.

Il descendit rapidement vers Montluel; mais un peu avant d'arriver en ville, il tourna à gauche, prit un chemin de traverse, et arriva vers onze heures à Molard, petit bourg de la commune de Dagneux.

Il s'arrêta devant une chaumière située un peu à l'écart de l'agglomération principale et frappa.

— Hardi !... hardi !... cria-t-il.

La porte tourna sur ses gonds.

L'homme jeta son paquet sur le plancher.

— Qu'est-ce ? demanda une voix de femme.

— Rien... Je viens d'en *faire* une au bois de Montaverne ; il faut que j'aille la mettre en terre.

— Non, non ! cria la femme.

— Pourquoi ?

— Les chemins sont pleins de monde, c'est aujourd'hui la foire de Montluel.

L'homme hésita.

— Tu as raison, dit-il après un moment de silence, j'ai rencontré plus de vingt personnes.

Et il se coucha.

II

LE CADAVRE

Trois jours après, — le 28 février, — Pernoux, cultivateur à Cailleux-sur-Fontaine, fut réveillé vers quatre heures du matin par les cris joyeux de trois de ses amis.

— Ohé ! paresseux, ohé !

— J'y suis, j'y vais.

— Allons en chasse ! en chasse !

— Je me lève.

— Toujours le même, toujours le dernier !

— Sa femme est si jeune ! insinua l'un des chasseurs.

Pernoux, en caleçon, un casque à mèche sur la tête, ouvrit sa porte; et, pour calmer l'impatience de ses amis, leur servit une bouteille de vin blanc.

— Pour tuer le ver, dit-il ; dans dix minutes je suis prêt.

Un quart d'heure après, la bande se dirigeait vers le plateau qui domine Trannoye, devisant joyeusement, émoustillée par l'air froid du matin.

— Je crois que nous allons faire bonne chasse, dit l'un d'eux ; tenez, le brouillard se lève, les chiens prennent le vent.

— Le notaire me disait que, du côté de l'*Étang des Cherreaux*, il y avait beaucoup de bécasses depuis huit jours.

— On me l'a dit aussi, appuya Pernoux.

— Allons-y dans ce cas.

Après avoir gravi la colline, les chasseurs se disséminèrent, embrassant un espace de cent mètres; et avancèrent, précédés de leurs chiens, du côté de la forêt de Montaverne.

Vers huit heures ils étaient en plein bois.

Le temps était superbe, le gibier abondant : les coups de fusil se succédaient rapidement, les carniers commençaient à se remplir ; les quatre amis, tout joyeux d'une matinée si heureusement commencée, échangeaient de nombreux lazzis.

Au sommet du plateau, Pernoux, placé au centre de la ligne, aperçoit son chien en arrêt à trente mètres : il s'avance doucement.

Une bécasse se lève et prend son vol.

Pernoux décharge ses deux coups, et voit l'oiseau tomber au milieu du fourré.

Les chiens s'élancent.

— Apporte, Médor, apporte ! crie le chasseur.

Deux, trois, cinq minutes s'écoulent : les chiens réunis donnent ensemble de la voix et font un épouvantable vacarme ; mais aucun d'eux ne revient.

Pernoux étonné, s'approche sifflant toujours, appelant, mais en vain.

— Qu'y a-t-il donc ? lui crie un de ses amis.

— J'ai tué une bécasse, elle est là.

De son fusil, il indique l'endroit d'où partent les aboiements.

L'ami le rejoint ; et tous deux se dirigent vers le fourré.

Les quatre chiens, plantés sur leurs pattes de derrière, hurlaient d'effroi à l'entrée d'une éclaircie ; mais aucun n'avançait.

A cent pas en arrière du groupe, une tête d'homme parut sur le bord du chemin.

De plus en plus étonnés, Pernoux et son ami précipitent leur marche.

Ils arrivent enfin à la clairière.

Ils reculent épouvantés.

Au milieu d'une pelouse de quelques mètres carrés, gisait le cadavre d'une femme complétement dépouillée de ses vêtements.

Le sol était imbibé de sang, surtout sous la tête.

Le crâne était couvert de blessures faites à l'aide d'un instrument aigu et tranchant.

Le visage, labouré de coups de couteau, était méconnaissable.

Des meurtrissures, des excoriations apparentes à l'intérieur des cuisses prouvaient que la malheureuse avait subi, avant sa mort, une odieuse violence.

Un bonnet de tulle noir ensanglanté, un mouchoir, un col, un débris de ruban bleu, et une paire de souliers, disséminés çà et là autour du corps, étaient les seuls indices propres à faire reconnaître la victime.

Après un instant de stupeur profonde, Pernoux appela.

Lorsque les quatre camarades furent réunis, l'un d'eux souleva un des bras du cadavre.

La rigidité n'était pas encore complète.

— N'y touchons plus, s'écria Pernoux, il faut aller prévenir le maire.

Deux des chasseurs coururent à Trannoye en toute hâte ; les deux autres allèrent s'asseoir sous le bois à quelque distance, muets, profondément émus, osant à peine échanger les réflexions que cette horrible découverte faisait naître dans leurs esprits.

Une heure après, M. Rivière, maire de la commune, arrivait, escorté d'une grande partie de la population.

Procès-verbal fut immédiatement dressé.

Fur le fermier, la femme Grandjean la cabaretière, étaient au milieu de la foule.

— J'avais raison, disait la commère : c'était cette malheureuse qui criait au secours.

Le fermier serrait ses poings avec rage.

— Oh ! murmurait-il, dire que je pouvais peut-être la sauver !

Deux hommes furent laissés près du corps, en attendant l'arrivée du parquet de Trévoux, qu'on avait fait avertir aussitôt.

Alleguette, le garde champêtre, vint les relever de leur faction à l'entrée de la nuit.

Après les formalités d'usage, le cadavre fut enlevé ; au chef-lieu d'arrondissement on s'empressa de le photographier. Des épreuves nombreuses furent disséminées de tous les côtés.

Longtemps toutes les recherches demeurèrent infructueuses.

Enfin madame Aussandon, demeurant à Lyon, quartier de la Guillotière, déclara que ce cadavre était celui de sa domestique, Marie Bachay.

Celle-ci l'avait quittée le 25 février, emportant ses effets, annonçant qu'elle partait avec un homme de la campagne qui lui avait offert, dans un château voisin, une place extrêmement avantageuse, — plus de deux cents francs de gages, sans compter les étrennes, — à la condition qu'elle partirait immédiatement.

Depuis on ne l'avait plus revue.

Sur ces faibles indices, il était difficile de retrouver le coupable de cet attentat compliqué de viol et d'assassinat. La justice néanmoins n'épargna rien pour atteindre cet odieux malfaiteur.

Mais toute son activité échoua.

Le mystère qui entourait ce drame resta impénétrable à tous les yeux.

Seul, cet homme que nous avons vu rentrer à neuf heures à Dagneux, le soir de la foire de Montluel, connaissait cet horrible secret.

III

SUR LE GLACIS DE PADOUE

Vers la fin d'avril 1802, un homme de haute taille, à la physionomie sombre, au regard farouche, dont l'accent dénotait l'origine allemande, vint s'établir à Trannoye.

Il commença par casser des cailloux sur les grandes routes, logeant dans l'écurie de l'auberge, vivant d'un morceau de pain noir, ne parlant à personne, toujours seul.

Grâce à son travail constant, acharné, il réussit à faire quelques économies.. Il acheta un lambeau de terre inculte ; et pierre à pierre se bâtit une chaumière dans laquelle il se réfugia.

Plus heureux, il devint plus communicatif.

Il déclara s'appeler Rémond.

Il raconta qu'il était né en Hongrie ; qu'il avait déserté, à la suite d'une discussion avec un officier de son régiment qu'il avait frappé au visage.

Rémond devint d'un commerce doux et facile. Excepté certains jours où ils se renfermait dans une réserve profonde, il était presque gai.

Les habitants de Trannoye expliquaient l'inégalité de son humeur par le regret, l'absence de la patrie ; et se montraient serviables envers l'étranger.

L'économie, l'activité de ce dernier finirent par lui acquérir un petit bien-être.

Il y avait à cette époque, chez un riche fermier, une servante nommée Marie. C'était une enfant sortant de l'hospice. On l'avait trouvée un jour au hameau de Molard, commune de Bagneux. On l'appelait Marie du Molard.

Ces deux isolements se rencontrèrent, se consolèrent et finirent par se réunir.

Marie fut obligée de quitter son maître, qui la chassa quand il connut ses relations avec Rémond ; elle vint s'installer chez son amant.

Le public accoupla ces deux noms : le Hongrois devint Rémond Dumollard.

L'orpheline se dévoua à l'étranger ; elle n'avait pas d'autre famille, d'autre attachement.

Elle le pressa de l'épouser ; mais celui-ci refusa constamment.

— En réalité, tu es ma femme, répondait-il, tu en as tous les priviléges et tous les droits ; mais j'ai juré de né jamais me marier.

Il fallut bien en passer par là.

Le Hongrois tint religieusement sa promesse. Sa concubine fut toujours considérée et traitée par lui comme son épouse légitime.

Deux ans après cette union, en 1809, naquit un fils qui fut enregistré sous le nom de Martin Dumollard.

Après celui-là, d'autres vinrent encore augmenter les charges de la pauvre famille.

La femme de Rémond, constamment nourrice, obligée de soigner en outre ses jeunes enfants, se trouva dans l'impossibilité de travailler ; le Hongrois dut gagner du pain pour tous.

Ce labeur incessant finit par l'irriter. Le souvenir dé la patrie, du bien-être qu'il y avait laissé, revint plus souvent à son esprit, et chaque fois plus amer.

Sur ces entrefaites, 1814 arriva. Une nuée d'étrangers envahit le sol français.

Le cœur de Rémond battit fortement à la vue des uniformes des cavaliers hongrois. Il passait des journées entières à Lyon, au milieu de ses compatriotes.

Lorsque Napoléon 1er fut interné à l'île d'Elbe, et

que les bataillons qui avaient ramené les Bourbons s'apprêtèrent à partir, il tomba dans un désespoir effrayant.

Plus le jour de la séparation approchait, et plus sa douleur augmentait ; enfin, n'y tenant plus, il annonça un jour à sa femme qu'il partait pour regagner son pays.

— Tu me laisses ! s'écria la malheureuse.

— Non, tu viendras avec moi.

— Et nos enfants ?

— J'y ai songé : nous ne pouvons les emmener tous ; mais grâce à la protection du colonel des hulans, les deux plus jeunes seront placés à l'hospice ; Martin nous accompagnera.

Après bien des refus, bien des larmes, la concubine du Hongrois consentit.

— Je t'épouserai dans mon pays, lui avait dit son amant. Cette considération l'avait décidée.

La famille partit.

Rémond, comme domestique du colonel des hulans, voyageait à cheval ; sa femme et son fils suivaient dans un fourgon de bagages.

Les distractions du voyage, les attentions de son futur mari, les espérances dont il la berçait, firent bientôt oublier la France à la mère de Martin.

Le corps d'armée se dirigea par le Dauphiné — cette belle province acquise en 1343 par Philippe IV — vers l'Italie, et s'arrêta à Padoue.

Rémond, sauf quelque rares instants de préoccupation triste, avait retrouvé toute sa gaieté. Sa femme et son fils furent logés dans la maison même du colonel.

La famille avait trouvé la tranquillité, sinon le bonheur complet.

Un jour, il y avait plus de deux mois que le régiment était à Padoue, arriva un nouveau corps d'armée. Le colonel de hulans fut à sa rencontre et emmena son domestique.

Un brillant état-major caracolait à l'avant-garde. Parmi tous ces officiers étincelants de dorures, surchargés de galons et de panaches, un se détacha et courut au-devant du colonel.

— Karl !

— Wilhelm !

Les deux amis tombèrent dans les bras l'un de l'autre.

Rémond à cheval se tenait à vingt-cinq pas en arrière.

Après quelques moments d'effusion, chacun des officiers regagna son poste ; on entrait en ville.

En passant devant le domestique de son ami le colonel, Karl Wolkmann tressaillit et le considéra un instant avec attention.

— C'est impossible ! murmura-t-il.

Rémond ne s'était pas aperçu de l'investigation dont il avait été l'objet.

Le soir même, Karl, à peine débarrassé de son harnais de parade, courut chez son ami.

— Comment s'appelle le valet qui t'accompagnait ce matin? demanda-t-il.

— Rémond Dumollard.

— Il est Français ?

— De naissance seulement, son père était de Pesth.

— Tu es certain de ce que tu avances?

— Il s'est présenté ainsi. Il m'a prié de l'emmener, pour aller retrouver sa famille en Hongrie.

— Il t'a menti... cet homme est un assassin.

Les yeux du jeune officier se remplirent de larmes, sa voix trembla.

— Fais-le venir ici, balbutia-t-il lorsque son émotion fut un peu calmée.

Le colonel sonna et fit demander Rémond.

Lorsque celui-ci parut, il pâlit affreusement en trouvant, rivé sur lui, le regard de Karl Wolkman.

— Ivan Mieralowich ! s'écria celui-ci d'une voix terrible.

— Grâce ! grâce ! murmura Dumollard en tombant à genoux.

— Non, pas de grâce pour un misérable tel que toi !

— J'étais fou !... Grâce !...

Et le malheureux se traînait sur ses genoux, tendant vers son accusateur ses mains suppliantes.

Karl se tourna vers le colonel :

— Cet homme est condamné à mort par les lois de son pays, vous répondez de lui jusqu'à mon retour.

Rémond fut garrotté et livré aux sbires qui arrivèrent un quart d'heure après.

Lorsque Karl se retrouva seul avec le colonel, celui-ci lui demanda l'explication de cette étrange scène.

— J'avais une sœur... cet infâme l'a assassinée après l'avoir violée !...

Les sanglots étouffèrent sa voix.

Ivan Mieralowich, tel était le nom de Rémond Dumollard, était le fils de l'intendant du père de Karl.

Élevé avec les deux enfants de la maison, il avait partagé tous les jeux de leur enfance. Cette familiarité dégénéra en passion violente envers Héléna, la sœur de Karl.

La jeune fille naïve avait, dans un moment d'étourderie, répondu aux protestations enflammées du jeune homme; et lui avait innocemment engagé sa foi.

Ivan, aveugle comme tous les amoureux, avait cru à cette promesse.

Pendant un voyage à Vienne, Héléna fut fiancée à un de ses cousins. Ivan était resté à la campagne.

Lorsqu'il apprit cette nouvelle, il entra dans une rage furieuse qui tenait de la folie. Il se fit donner par son père une commission pour le père d'Héléna, et arriva à Vienne la veille de la noce.

Ivre de vengeance, il séduisit la femme de chambre de la jeune fille, pénétra dans son appartement au milieu de la nuit, la bâillonna, se livra sur elle au plus odieux des attentats; puis, craignant ses révélations, ou emporté par une fureur sans bornes, il l'étouffa et prit la fuite.

Il fut condamné comme contumace à la peine de mort.

Les provinces italiennes, récemment rentrées sous la domination de l'Autriche, étaient soumises encore au régime militaire.

Le procès d'Ivan fut sommaire : la condamnation fut maintenue.

Un jour, Martin Dumollard suivit des soldats qui passaient. Depuis quelques jours sa mère pleurait et se désolait ; l'enfant s'ennuyait. Ces larmes continuelles le crispaient.

Il marcha derrière le peloton, et arriva hors de la ville, sur le glacis.

La porte d'une forteresse s'ouvrit ; un homme en chemise, les bras liés derrière le dos, accompagné d'un prêtre, en sortit.

L'enfant reconnut son père et voulut se précipiter vers lui.

Les soldats le repoussèrent brutalement.

L'homme s'agenouilla. On lui banda les yeux : puis une détonation retentit, un cri d'agonie traversa les airs.

Un caporal s'approcha du criminel étendu à terre, râlant ; et lui déchargea son pistolet dans l'oreille.

Ce fut tout.

Le petit Martin avait assisté à cette scène avec une stupeur muette.

Lorsque tout eut disparu, soldats et cadavre, il reprit le chemin de la ville, l'œil fiévreux, hébété, stupide.

Deux jours après, sa mère le prit par la main ; et tous deux partirent. Ils parcoururent à pied le chemin qu'ils avaient fait en voiture quelques mois avant. Ils marchaient toute la journée, mendiant un morceau de pain, couchant sur la paille.

Ils arrivèrent enfin.

La mère de Martin se plaça comme servante, d'abord à Montluel, puis à Dagneux.

L'enfant vagabondait, maraudait à droite et à gauche, abandonné à ses instincts mauvais.

A seize ans il fut condamné pour vol.

En 1840, il épousa Marie Martinet.

Deux ans après, sa mère mourut. A ce moment le nouveau marié était sous les verrous pour la seconde fois.

Il n'en sortit que pour commencer cette épouvantable série de forfaits qui ont rendu son nom fameux dans les fastes du crime.

IV

LE FAUVE ET SA FEMELLE

On hésite à sonder la perversité d'un tel homme.

Arrivée à ce point, la dépravation défie toutes les recherches ; il est impossible de démêler dans cette âme viciée, corrompue au delà de toute expression, le véritable mobile de tant d'odieux forfaits.

Faut-il admettre, avec son avocat, M⁰ Lardière, que Dumollard ne portait pas en lui ce flambeau de la liberté, qui nous rend responsables de nos actes ; qu'il n'y avait chez cet homme que la brute ; que la société n'avait pas le droit de lui demander des comptes, au nom des lois civiles et humaines dont elle n'avait pas pris soin de l'instruire ?

Nul ne réclamera, avec des accents plus convaincus que les nôtres, la nécessité absolue, immédiate de l'instruction et de l'éducation.

La cécité morale !

C'est la grande ennemie qu'il faut combattre de toutes nos forces, avec toutes nos armes.

La statistique l'a démontré depuis longtemps, les criminels se recrutent presque tous dans les classes déshéritées, frappées d'ignorance originelle.

La société française dépense, bon an mal an, *dix mille louis d'or* en frais de GUILLOTINE, et *vingt-sept millions* en frais de *prison*. Est-ce là le dernier mot de la civilisation ?

Qui oserait le soutenir ?

De la lumière ! de la lumière ! partout : en haut, en bas ; en bas surtout.

« Les pires scélérats sont le plus souvent des hommes que la misère, l'ignorance, le mauvais exemple et le mépris public ont pour ainsi dire condamnés à des industries nuisibles. Rappelez-vous que sur *cinq cent douze* récidivistes, en 1863, CINQUANTE QUATRE seulement savaient lire et écrire. Il est permis de supposer que les trois quarts au moins de ces misérables ne seraient pas retombés si leur première prison avait été pour eux une école.» (1).

Qu'on y réfléchisse, quelle a été la part de Dumollard au soleil de notre civilisation?

Enfant, la misère est son partage ; le premier spectacle qui frappe sa jeune imagination, c'est celui de la mort de son père : il sort de l'ombre pour entrer dans la haine.

Il grandit, livré à tous ses mauvais instincts, sans guide, sans soutien, courant les bois, glissant peu à peu sur la pente fatale, sans se douter qu'il existe des lois morales autres que la peur des geôliers, des gendarmes et du bourreau.

Après une jeunesse vagabonde, il se marie. Il rencontre une femme aussi indigne que lui.

Ces deux êtres unis dans un hideux accouplement, se dépravèrent l'un l'autre.

Isolé, Martin Dumollard eût peut-être reculé devant les conceptions de sa féroce imagination. Un mari honnête eût réprimé, contenu les penchants dépravés de Marie-Anne Martinet.

Mais ces deux faiblesses s'étayant mutuellement, ces deux corruptions superposées atteindront les dernières limites du crime.

Aucun lien avouable n'existait entre eux.

Moins d'une année après son mariage, Dumollard fut

(1) E. About. *Le Progrès*.

condamné pour vol. De l'enquête ouverte à propos de cette poursuite, il résulta que ce jeune époux entretenait des relations adultères avec une demoiselle Bayon.

Circonstance atroce, incroyable !

Il partageait le lit où la mère et la fille étaient réunies.

Inutile d'insister davantage. Ce criminel effroyable est une monstruosité.

La société, — nul n'en doute. — a le droit de prendre contre ses pareils toutes les précautions commandées pour la sauvegarde de la communauté ; mais, sous peine de faillir à son mandat, elle doit tenir compte de l'enseignement que renferment de semblables procès.

Reprenons-le cours de notre récit.

Le jour même où les chasseurs de Cailleux découvraient le cadavre de Marie Baday, la femelle de Dumollard sortait de chez elle vers neuf heures du matin.

Marie-Anne était une femme de petite taille, leste, alerte, remplie de vivacité. Sa petite tête chafouine, hâlée, bronzée par le grand air, était éclairée par deux yeux gris extrêmement mobiles.

Ses lèvres pâles, minces, habituellement pincées, accusaient une nature souple, rusée.

Le fauve et sa femelle vivaient à l'écart, parlaient peu, et n'avaient de relations suivies avec personne.

Le maire de Dagneux, Paul Dazord, vint déclarer à l'audience, qu'avant leur arrestation, il ne connaissait pas les époux Dumollard.

Cette solitude calculée était indispensable à l'accomplissement de leurs sinistres projets.

Marie-Anne portait sous son bras un paquet de hardes mouillées. Elle paraissait inquiète, agitée, et marchait rapidement.

Au moment où elle passait devant la porte de Louis Cochet, tisserand, son plus proche voisin, celui-ci l'interpella :

— Eh ! voisine, vous allez au lavoir ?

— Je vais *éclaircir* une robe que je viens de savonner.

— Si vous n'êtes pas propre, vous... fit le tisserand, personne ne le sera !...

— Tiens, pourquoi donc ?

— Toujours dans l'eau, toujours à lessiver !

Marie-Anne, ennuyée, se remit en marche.

— Si c'est mon plaisir ! fit-elle.

Cochet était bavard.

— Oh ! je n'y vois rien à redire, répondit-il : et Martin, où est-il donc ? Il y a beau temps qu'on ne l'a vu.

A cette question, Marie-Anne s'arrêta, et fixant sur son voisin un œil inquisiteur :

— Mon mari ?

— Eh ! oui.

— Eh bien ! il est à son ouvrage.

A ces mots prononcés d'un ton brusque, la femme de Dumollard hâta le pas et disparut.

— A son ouvrage... à son ouvrage ! murmurait le tisserand, combien lui rapporte-il-donc ? Il s'en va au loin travailler, pendant que son blé est dévoré par les mauvaises herbes.

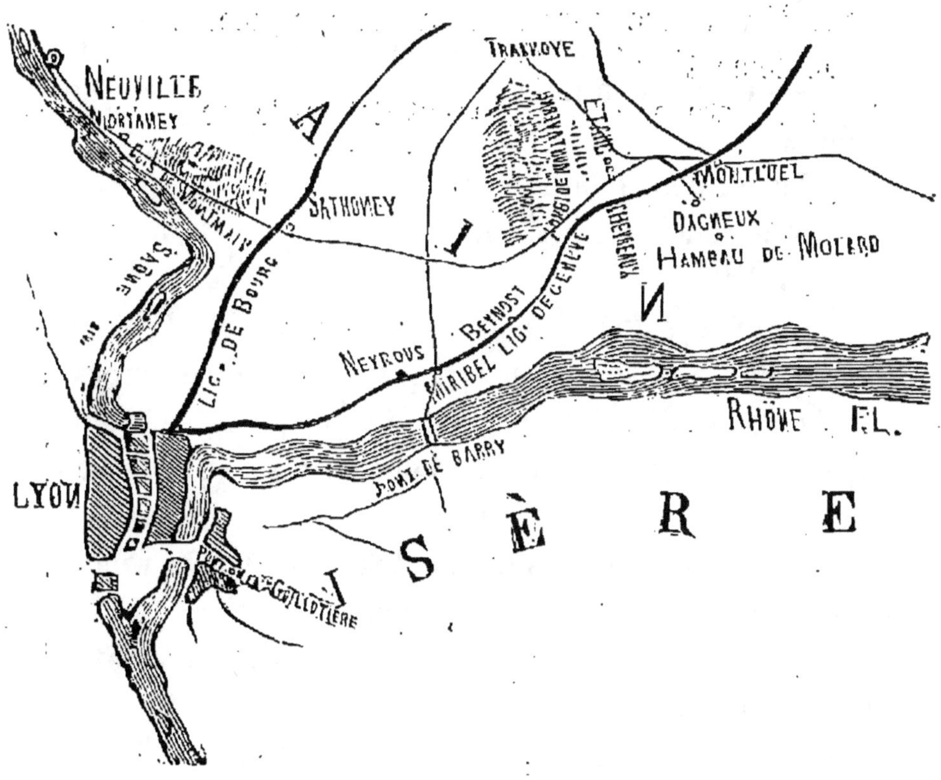

Ce monologue fut coupé par l'arrivée d'un vieillard courbé sur son bâton, avançant péniblement, une besace en bandoulière.

— C'est donc vous, père Jacob ? cria Cochet.

— Bonjour ! bonjour !... répondit le mendiant.

— Eh ! comment ça va-t-il ?

— Mal !... l'estomac passe encore ; mais les jambes !

Le père Jacob se tourna du côté de la chaumière de Dumollard, et l'indiquant au tisserand du bout de son bâton :

— Ce n'est pas comme le gaillard qui demeure là, ajouta-t-il ; en voilà un intrépide, et qui doit user des souliers !

— Tiens, pourquoi donc ?

— Je le rencontre partout.

— Ah bah !

— Comme je vous le dis. Le jour de la foire de Mont-luel, il était à Beynost ; hier, nous nous sommes croisés sur la route de Thil au pont de Barry ; et ce matin, comme je venais ici, je l'ai rencontré près de Saint-Maurice, sur la route de Genève.

— On ne ramasse pas d'argent sur les grandes routes, dit Cochet, c'est drôle tout de même.

— Tenez, reprit le père Jacob, vous me croirez si vous voulez, mais cet homme *marque mal.*

— Joly prétend que c'est un franc paresseux.

— Ça ne m'étonne pas.

— Il le prit l'année dernière pour la première façon de la vigne ; outre que Dumollard fit moins d'ouvrage que les autres, il voulut être payé trois francs au lieu de deux francs cinquante, prix ordinaire.

— N'y eut-il pas une discussion ?

— Fort vive même.

Les deux interlocuteurs furent interrompus par l'arrivée d'une vieille femme, âgée de soixante-douze ans, la veuve Berthet, dont la chaumière touchait à celle de Louis Cochet.

— Nous parlions de notre voisin, dit le tisserand.

— Dumollard ! fit la veuve avec une indéfinissable expression de crainte.

— Avez-vous remarqué qu'il rentre souvent bien tard ?

— A toute heure de la nuit. On a le sommeil léger à mon âge : il y a trois jours, je l'ai entendu frapper à onze heures ; il y a deux semaines il rentra après minuit...

— Quand on ne dort pas, on n'a guère le cœur à l'ouvrage, ajouta le père Jacob.

— Mais de quoi vit-il ?, il n'est pas riche, son champ ne vaut pas cent écus.

— Oui, reprit la veuve, de quoi vit-il ?... Sans compter que sa femme est toujours *brave*, toujours vêtue de neuf.

— Et ça coûte bon, les beaux habits.

— Quand Dumollard revient de voyage, il porte toujours quelque paquet, des cartons...

— Il y a trois mois, il est arrivé avec une malle sur le dos.

— Il fait peut-être la contrebande ?... insinua le père Jacob.

Un pas lourd se fit entendre derrière les trois interlocuteurs.

— Chut !... le voilà ! murmura la veuve.

C'était bien lui, le fils du meurtrier d'Héléna Wolkman.

Rémond, comme l'appelaient souvent ses voisins, était à cette époque un homme de quarante-cinq à quarante-six ans.

Son aspect était sombre.

Sa tête, petite, était couverte par une forêt de cheveux noirs, extrêmement abondants, qui en doublaient le volume ;

Son front était bas et fuyant ;

Ses yeux, gris foncé, avaient des reflets d'une fixité effrayante ;

Son nez, difforme, se terminait par deux narines effrontément ouvertes, cyniquement retroussées ;

Ses pommettes, saillantes, incolores, formaient deux angles aigus qui encadraient, de leurs lignes heurtées, cette face odieusement dégauchie ;

Sa lèvre supérieure épaisse, tuméfiée, fendue en bec de lièvre, laissait apercevoir deux dents saillant en dehors comme les défenses d'un sanglier ;

Un menton carré, osseux, ignoble, complétait cet ensemble repoussant.

Dumollard avançait rapidement, vêtu d'un sarrau bleu, les mains dans les poches, courbant légèrement ses larges épaules, la tête basse.

Il passa devant le groupe sans s'arrêter.

Sur le pas de sa porte il rencontra sa femme qui revenait du lavoir par un sentier détourné, pour éviter la maison du tisserand.

Pendant que Marie-Anne introduisait la clef dans la serrure, son mari jeta un regard sur les trois personnages qui devisaient à voix basse.

— Oh ! ce mendiant ! murmura-t-il.

— Que t'a-t-il fait ?

— Toujours sur mes pas !... toujours sur ma piste. On dirait qu'il m'espionne.

— Bah ! il peut à peine se remuer.

Le couple pénétra dans la chaumière.

Quelques instants après, les trois bavards se séparèrent. Cochet rentra chez lui; Jacob continua sa route.

Au moment où il passait devant la maison de Dumollard, il ne put s'empêcher de jeter un coup d'œil furtif par la porte entr'ouverte.

Rémond bondit : il avait surpris cette rapide investigation.

— Misérable vagabond ! cria-t-il.

Le mendiant hâta le pas.

— Le chemin est à tout le monde, répondit-il.

— Je t'apprendrai à me suivre partout, à m'épier, attends !...

— Je suis libre d'aller où il me plaît, reprit le père Jacob fuyant toujours. Si vous ne couriez pas tant vous-même, nous ne nous rencontrerions pas si souvent. Votre vue ne ne plaît pas déjà tant, que je galope après vous !

— Ah ! tu m'insultes !

Dumollard ramassa quelques pierres qu'il lança au vieillard ; mais il était déjà loin, aucune ne l'atteignit.

La veuve Berthet s'était avancée au bruit de cette altercation.

— Coquin ! criait le mendiant.

Dumollard, voyant son impuissance, se retourna et aperçut la veuve, témoin de son emportement.

— Que faites-vous là, vous aussi ? fit-il brusquement.

— Moi ?... rien... je regarde.

Rémond s'avança vers elle l'œil menaçant :

— Ah ! tu écoutes, la vieille ! tu es curieuse... je te corrigerai moi, je m'en charge.

Marie-Anne accourut.

— Martin, Martin ! dit-elle, que fais-tu donc ?

Elle prit le bras de son mari, et le força de rentrer dans l'intérieur de la chaumière, pendant que le père Jacob et la veuve Berthet s'éloignaient chacun de leur côté.

— Tes violences nous perdront, dit Marie-Anne après avoir fermé la porte.

— Pourquoi viennent-ils rôder autour de nous ? Je ne le veux pas !

Une fureur contenue éclatait sur la face livide de Dumollard. Sa femme réussit enfin à le calmer ; et tous deux se mirent à table pour le repas de midi.

V

LE JARDINIER DE M. LE COMTE

Quelques jours après, — 4 mars 1855, — Dumollard

se présentait chez madame Pierron, qui tenait un café dans le faubourg de la Guillotière, à Lyon.

Son menton soigneusement rasé, sa blouse bleue presque neuve, son chapeau à larges bords, lui donnaient l'apparence d'un honnête campagnard.

— C'est bien ici que demeure Marie Curt? demanda-t-il.

— Oui, repondit madame Pierron.

— Je viens la chercher.

— La chercher?... Et pourquoi?... Seriez-vous son père?...

— Non.

— Que lui voulez-vous, dans ce cas?

— Je l'ai engagée, il y a huit jours.

— Engagée?

— Oui, pour le compte de mon maître, qui m'envoie pour la conduire au château.

— Vous vous trompez, brave homme, Marie ne m'a pas prévenue qu'elle voulût me quitter.

— Quand je vous dis que dimanche dernier elle m'a promis de me suivre, insista Dumollard.

— C'est trop fort ! s'écria madame Pierron.

Elle se leva, courut à la cage de l'escalier :

— Marie ! Marie ! appela-t-elle, descendez. — Nous allons bien voir ! ajouta-t-elle en revenant près de l'inconnu.

Quelques instants après la servante arrivait dans la salle.

— Vous connaissez cet homme ? lui demanda sa maîtresse.

. — Oui, madame.

— Vous avez pris un engagement avec lui ?
Marie Curt hésita.

— Pas précisément, répondit-elle enfin.

— Expliquez-vous, je ne vous comprends pas.

— Voici. J'ai rencontré monsieur, dimanche dernier, sur le pont de la Guillotière. Il m'a dit qu'il était jardinier dans un château près de Neuville ; que son maître l'avait envoyé à Lyon pour chercher une servante...
Dumollard interrompit.

— Vous m'avez répondu que si la place était bonne, vous acceptiez ; et vous m'avez prié de revenir aujourd'hui.

— C'est vrai, cela ?... demanda madame Pierron.

— C'est exact ; mais la place n'était pas pour moi. Je n'ai jamais pensé à vous abandonner.

— Mais alors ?

— J'ai une amie qui m'a chargée de lui trouver une condition ; j'ai cru que l'offre qui m'était faite pourrait lui convenir, et....

— Eh bien ! c'est joli !... s'écria Dumollard, me voilà obligé de revenir seul au château, moi ?

— Non, répondit Marie Curt, mon amie accepte.

— Elle a déjà servi ?

— Oui.

— A-t-elle des effets convenables ? Est-elle rangée ?

C'est que, voyez-vous, madame entend qu'on soit propre.

— Soyez tranquille ; elle a une très-bonne garde-robe ; elle est très-économe, et vos maîtres seront contents.

— Où est-elle ?

— Si madame me le permet, je vais vous accompagner chez elle.

— Allez ! répondit la limonadière.

Dumollard, conduit par Marie Curt, pénétra dans une maison voisine, chez la veuve Finot.

Une grande et belle fille était assise à côté de la fenêtre, travaillant à un ouvrage de couture.

— Tiens, Olympe, dit Marie Curt, voici le jardinier dont je t'ai parlé.

— Vous vous appelez Olympe ?... Joli nom, dit Martin en grimaçant un sourire.

— Olympe Alabert.

— Et vous êtes disposée à me suivre ?

— C'est selon les conditions.

— Les mêmes que pour votre amie, deux cent cinquante francs de gages, sans compter les étrennes.

— Madame est-elle difficile ?

— Madame ?... Oh ! Dieu de Dieu ! douce comme un agneau... bonne, indulgente !... Nous l'adorons tous au château.

Dumollard était charmant de bonhomie. Le ton de ses paroles était sincère. Olympe Alabert fut séduite.

— Quand faut-il partir ?

— Mais aujourd'hui, tout de suite ; madame la comtesse nous attend.

— C'est loin ?

— Non. Nous prendrons le bateau jusqu'à Sathonay, et de là, par le camp, nous arriverons en une petite heure.

— Je ne puis emporter ma malle, dans ce cas.

Dumollard parut fâché de ce contre-temps.

— Non, dit-il, dans quelques jours la voiture de service viendra à Lyon et la prendra ; pour le moment, faites un paquet de ce que vous avez de mieux, je le porterai. Madame tient beaucoup à ce que les domestiques soient bien habillées, bien propres.

Marie Curt se retira. Olympe Alabert offrit quelques rafraîchissements à Martin ; et pendant que ce dernier était à table, elle s'occupa de préparer ses hardes.

Dumollard, sans qu'elle s'en aperçût, suivait tous ses mouvements, inspectant chaque pièce d'un œil avide.

— Vous pouvez en mettre encore, si vous voulez, dit-il en voyant la jeune fille se disposer à boucler son paquet.

— Cela vous fatiguera.

— Bah ! répondit-il la bouche pleine, je suis fort. Une robe de plus ou de moins, ça ne m'embarrassera pas.

Il était trois heures et demie environ, lorsque Olympe Alabert prit congé de la veuve Finot pour suivre le faux jardinier.

Tous deux remontèrent le faubourg ; traversèrent le

pont de la Guillotière, et se dirigèrent vers l'embarca-
dère des bateaux à vapeur.

Dumollard était gai, communicatif.

— J'espère, disait-il, que vous vous souviendrez que
c'est moi qui vous fais entrer au château.

— Certainement !

— C'est que, voyez-vous, dans les maisons où il y a
beaucoup de domestiques, il y a toujours un peu de ja-
lousie entre eux ; mais si vous voulez nous ferons une
paire d'amis ?

— De grand cœur.

— Vous n'y perdrez rien ; j'ai la confiance de monsieur
et de madame, et souvent je pourrai vous être utile.

Le bateau arriva, les passagers montèrent à bord, et
le vapeur prit sa course, remontant la Saône.

Olympe Alabert, assise à l'avant, ses hardes sur ses
genoux, était peu à peu tombée dans cette rêverie calme,
involontaire, que fait toujours éprouver l'attente d'un
changement de vie.

Elle fut arrachée à cette vague somnolence par la conversation de ses voisins. Un maquignon de Trévoux
racontait la trouvaille faite par Pernoux et ses amis dans
le bois de Montaverne.

Dumollard, qui entendait aussi ce récit, était devenu
sombre.

Les auditeurs faisaient leurs commentaires plus ou
moins fantasques, plus ou moins probables.

Olympe frémissait d'horreur. Malgré elle, un effroi

secret l'envahissait, la dominait ; elle considérait son compagnon à la dérobée ; et cette vue augmentait son épouvante.

Elle découvrait dans cette physionomie qui, de prime abord, lui avait paru naturelle, commune, quelque chose de cynique.

L'idée de ce cadavre mutilé se liait invinciblement dans son esprit à la présence du prétendu jardinier.

Dumollard, un instant troublé, réagit contre les sentiments qui l'agitaient ; il s'était aperçu de l'impression produite sur Olympe par cette lugubre histoire ; il se tourna vers elle :

— C'est affreux ! dit-il, n'est-ce pas, mademoiselle ?

La jeune fille tressaillit.

— Oh ! c'est odieux ! fit-elle.

Martin, alors, s'adressant au narrateur :

— A-t-on quelque *doutance* de l'assassin ? demanda-t-il.

— On le cherche.

— Quel gredin ! reprit le compagnon d'Olympe, je donnerais volontiers quelque chose de ma poche pour qu'on le trouve.

Le ton aisé, naturel, de ces paroles, firent évanouir les vagues terreurs de la servante ; et lorsqu'elle débarqua, elle se reprochait ses folles idées, comme une offense gratuite à l'honnête homme qui la conduisait.

L'obscurité commençait à descendre. Dumollard s'empara du paquet et prit la route de Sathonay. Olympe Alabert suivait.

Le sentier qui conduit au camp traverse la ligne du chemin de fer. Un train passait; ils s'arrêtèrent à la barrière.

— En voilà qui vont à Paris, fit observer Martin.

— Paris?... répondit Olympe, j'irais bien à Paris, si j'étais sûre d'avoir une place en arrivant.

— Moi aussi.

— On dit qu'on gagne beaucoup dans les bonnes maisons... vingt-cinq et trente francs par mois.

— Eh ! tenez, fit Dumollard, je le crois!... si vous voulez, nous irons ensemble voir si c'est bien vrai; vous me plaisez, vous !...

Le train avait disparu, la communication fut rétablie.

— Tiens, tiens ! se disait Olympe en traversant la voie, qu'est-ce qu'il veut donc, ce jardinier? Il prétendait avoir une si bonne place, de si bons maîtres !... Il veut les quitter pour aller à Paris... avec moi !

La nuit était complétement venue.

Les appréhensions qu'elle avait déjà éprouvées, vinrent de nouveau assaillir l'âme de la servante.

Son inquiétude augmenta lorsque, après avoir traversé le camp, elle vit que son compagnon, au lieu de tourner à gauche vers Neuville et Montanay, continuait à marcher droit devant lui, dans la direction de Trannoye.

Dumollard paraissait pressé: il avait précipité sa marche, il avançait sans mot dire, s'assurant de temps en temps qu'Olympe ne le quittait pas.

Celle-ci finit par s'arrêter:

— Il n'est donc pas du côté de Neuville, votre château?
demanda-t-elle d'un ton résolu.

Le faux jardinier s'arrêta.

— Pourquoi pas?

— Neuville est là, fit Olympe en étendant son bras
gauche: devant nous sont Trannoye, Mionnay, et...

— Et la forêt de Montaverne, ajouta Dumollard d'une
voix sombre; c'est par là que nous allons! En route.

Le ton, l'expression de ces paroles portèrent à son com-
ble la terreur d'Olympe, elle resta un moment immobile,
ne sachant quel parti prendre.

— Nous arrivons... Dans dix minutes nous serons au
château, ajouta Martin.

— Dans dix minutes?...

— Certainement.

Le faux jardinier avait adouci la brutalité de sa voix.

— Tenez, dit-il, voyez-vous, là, sur la droite, cette
lumière; c'est une ferme, une dépendance du château.

Ce changement d'allures, loin de rassurer la servante,
acheva de la convaincre de la réalité de ses craintes.

Elle eut un moment l'idée de fuir; mais, outre qu'elle
perdait ainsi son paquet, il était peu probable qu'elle
réussît à échapper à cet homme qu'elle considérait comme
un redoutable malfaiteur.

Une minute de réflexion, et tout s'élucida dans son esprit : sa résolution fut prise.

— Allons, dit-elle, et marchons vite, je meurs de
faim.

Elle s'avance bravement à côté de son guide, comme si elle eût eu pleine et entière confiance en lui.

Un quart d'heure après, Dumollard et Olympe arrivaient en face de la lumière signalée par le premier. La servante s'arrêta brusquement, et saisissant le bras de son guide :

— Mon paquet ! dit-elle d'un ton impérieux.

— Je le porterai, je ne suis pas fatigué.

— Je veux mon paquet, reprit la jeune femme avec résolution.

— Mais !...

— Je le veux, vous dis-je ; je n'irai pas plus loin avec vous. Si votre maître veut une servante, il m'enverra chercher en plein jour à la maison que voilà, où je vais demander un refuge pour la nuit.

Dumollard était stupéfait, confondu.

Un éclair de rage traversa ses yeux ; il fut sur le point de s'élancer sur la malheureuse, de la terrasser.

— Donnez, ou j'appelle, insista Olympe en élevant la voix.

Pendant que le faux jardinier surpris, hésitait, la jeune fille lui arracha violemment le paquet, et s'enfuit à toutes jambes dans la direction de la ferme.

Dumollard fit un mouvement pour la suivre ; mais il s'arrêta subitement. Il serra les poings avec fureur, frappa du pied ; mais voyant la fugitive pénétrer dans la cour de la maison, il se jeta à droite dans un sentier de piétons et descendit avec vitesse vers Montluel et Dagneux.

A une heure du matin, la veuve Berthet entendit son voisin rentrer chez lui.

— Eh bien ?... fit Marie-Anne.

— Rien... elle s'est *ensauvée*.

— Ensauvée ?

— A la ferme des Rogesses... Si j'amais je la repince, celle-là !...

Marie-Anne remarqua que son mari était sans chapeau : elle lui en fit l'observation.

— Déchiré, anéanti... répondit Dumollard, on me l'a vu sur le bateau.

Dix minutes après le couple était endormi.

VI

MYSTÈRE

Tout est incroyable dans cette incroyable histoire.

Il est inouï que ce lâche assassin ait pu continuer ses scélératesses pendant près de sept ans, sans que la justice ait conçu un soupçon.

Olympe Alabert, recueillie par le fermier des Rogesses, passa la nuit dans sa maison et regagna Lyon le lendemain.

A peine arrivée, elle courut chez madame Pierron. Marie Curt poussa un cri de surprise en la voyant.

— Toi ! ici !... fit-elle.

— Oui, moi !

Au milieu de la pelouse, gisait le cadavre d'une femme complétement dépouillée de ses vêtements.

Marie Curt remarqua alors seulement l'expression du visage de son amie.

— Ah ! mon Dieu, qu'as-tu donc ? fit-elle.

— Ce que j'ai ?

— Tu parais bouleversée.

— Il a voulu m'assassiner !...

— Qui... lui ?

— Ton jardinier.

Madame Pierron s'approcha.

— Que dites-vous là ? demanda-t-elle.

— Je dis que votre domestique m'a mise entre les mains d'un misérable qui a voulu me tuer, comme la malheureuse qu'on a trouvée dans la forêt de Montaverne.

Marie Curt, pâle, l'œil trouble, écoutait.

— Oh ! mon Dieu ! mon Dieu ! fit-elle.

Elle songeait qu'elle avait été sur le point d'accepter, pour elle-même, les propositions de l'inconnu.

Pressée de questions, Olympe raconta son histoire dans les plus grands détails. Le doute n'était plus possible. Les apparences condamnaient invinciblement le faux jardinier.

Le saisissement de Marie Curt, femme essentiellement nerveuse, fut tel, qu'elle tomba à la renverse, inanimée.

Le soir même elle s'alita pour ne plus se relever.

La commotion avait été tellement forte, que son sang se tourna ; huit jours après, elle mourut.

Malgré le retentissement que dut avoir une pareille conclusion, malgré les recherches de la police, malgré les indications précises fournies par Olympe, madame Pierron, madame Finot sur le signalement de l'auteur de cette tentative coupable, Dumollard vécut sans être inquiété, et put reprendre le cours de ses exploits, un moment interrompu par la peur.

On ne s'attend pas à ce que nous racontions en détail chacun de ses crimes.

Un pareil récit serait trop monotone.

Grand est le nombre des attentats connus, prouvés ; mais plus grand encore est celui des forfaits dont ce monstre a emporté le secret dans la tombe !

Qu'il nous suffise de dire, pour prouver la vérité de notre assertion, que sur *cinq cent trente-six* articles saisis au domicile de Dumollard, *douze* seulement ont été légitimement revendiqués par sa femme.

Les autres sont restés inconnus.

L'énumération de ces objets est sinistre.

On y voit :

Trente-huit bonnets ;

Dix corsets ;

Des mouchoirs, des cols, des fichus, une pèlerine en fourrure, des coupons de dentelle, des bas de toute taille ;

Et même des *bas d'enfant.*

Mystère épouvantable !...

Ce couple hideux n'a pas fait souche, — heureusement ! — D'où proviennent ces bas, dont ni le fauve ni sa complice n'ont pu justifier la présence chez eux ?

Quoi qu'il en soit, il nous semble que des allures aussi suspectes que celles de cet odieux malfaiteur eussent dû appeler sur lui, bien avant 1861, l'attention de la police.

Parmi ses victimes, beaucoup ont réussi à échapper à la mort, laissant leurs dépouilles dans les mains de Dumollard.

L'identité des signalements, cette lèvre caractéristique auraient dû éveiller les soupçons.

Pendant sept ans, ce monstre a pu circuler librement de Montluel à Lyon, Neuville, Trévoux, Meximieux, et même jusqu'à Bourg, sans que la vue de cette figure, si facile à reconnaître, ait provoqué son arrestation.

Devant une semblable anomalie, nous ne saurions nous associer trop vivement aux paroles adressées, dans le cours des débats, par M. le procureur général Gaulot, à Saint-Geni, garde champêtre de Sainte-Croix.

Ce dernier raconte qu'il a reçu la déposition d'une fille qui avait été volée par un individu qui l'avait emmenée de Lyon, sous prétexte de la conduire dans un château des environs.

— Et vous n'avez pas dressé procès-verbal de ce fait et de la plainte ? demande le président.

— Non, monsieur.

— Eh bien ! vous avez eu tort, vous avez gravement manqué à vos devoirs, s'écrie M. Gaulot; votre insouciance mérite un blâme public. *Nous éprouvons le besoin d'ajouter que si, dans cette affaire, tous les agents* de l'autorité avaient, comme c'était leur devoir, fait preuve de plus de zèle et de sagacité, l'opinion publique n'aurait pas à gémir sur de si nombreux crimes. (*Droit*, audience du 31 janvier 1862.)

Oui, il faut le dire, les agents, si sévères, si perspicaces, si emportés dans la répression de *certains* délits, montrent quelquefois une indifférence coupable dans la recherche de crimes infiniment plus odieux.

Qu'on juge si, dans ce cas, notre appréciation est téméraire.

Dans le courant du mois de septembre 1855, peu de temps après l'assassinat de Marie Baday et la tentative avortée sur Olympe Alabert, Dumollard, reconnaissable surtout à ses vêtements et à la difformité de sa lèvre supérieure, accoste sur la voie publique, à Lyon, Joséphine Charlety.

Il se dit garçon de peine dans un château près de Trévoux, et chargé, en cette qualité, de chercher une domestique pour ses maîtres.

Toujours la même histoire : son boniment ne varie pas.

Joséphine Charlety, séduite par les propositions avantageuses de l'inconnu, lui donne rendez-vous pour le 22 septembre.

Elle part avec lui au jour indiqué ; et tous les deux suivent, à pied, les chemins qui sillonnent le plateau de Colaire.

La nuit arrive. La jeune fille, accablée de fatigue, dominée par la terreur, refuse de suivre plus longtemps son conducteur ; et, comme Olympe Alabert, se réfugie dans une ferme.

Le 31 octobre suivant, les mêmes faits se reproduisent vis-à-vis de Jeanne-Marie Bourgeois, domestique à Lyon.

Entraînée, par les mêmes moyens, du côté des bois qui couronnent les hauteurs de Poolteins, commune de Mionnay, égarée, au milieu de la nuit, dans un pays désert et inconnu, elle n'échappa à une mort presque certaine que par la fuite.

Pour compléter notre démonstration, nous continuerons à citer l'acte d'accusation :

« ………… Enhardi par l'impunité, Dumollard, au mois de novembre de cette même année, tentait encore un crime de même nature sur la personne de Victorine Perrin, aujourd'hui (janvier 1862) femme Murel.

» Conduite par lui, à l'aide des mêmes manœuvres, dans les environs de Neyrous, où elle était parvenue vers huit heures du soir, après une marche de plusieurs heures à travers un pays désert, cette femme suivit longtemps, dans les ténèbres, le guide inconnu auquel elle avait confié une caisse contenant, avec ses effets, une somme d'environ cinquante francs en argent.

» Ils se trouvaient tous les deux sur un chemin public, près du lieu dit la ferme des Sarrasins, quand tout à coup, Victorine Perrin aperçut son compagnon, en proie à une visible anxiété, franchir les talus de la route et s'enfuir à travers champs, en emportant la caisse qui contenait ses épargnes et son trousseau.

» Cette fuite précipitée n'avait pas seulement le vol pour mobile, elle avait été causée, selon toute apparence, par l'approche de plusieurs personnes, qui suivaient la même route, en revenant du marché de Miribel.

» Quoi qu'il en soit, confrontée avec Dumollard, la femme Murel l'a immédiatement reconnu comme l'auteur de la soustraction audacieuse commise à son préjudice ; elle a retrouvé sa caisse, ainsi que la plupart des effets qu'elle contenait, parmi les objets saisis au domicile des accusés. »

Ainsi, en moins d'une année, cinq attentats successifs, impunément consommés ou tentés !

Tous sont identiques, dans la conception, comme dans l'exécution ; les renseignements fournis par les victimes sur l'audacieux malfaiteur sont concordants, précis ; cet homme voyage beaucoup, il reparaît presque quotidiennement sur le théâtre de ses forfaits, et la force publique est impuissante à le saisir !

Qui donc prétendait que notre police était « *la plus spirituelle* » du globe ? qui donc affirmait que le czar de toutes les Russies allait envoyer ses policiers à l'école chez les nôtres ?

Il est vrai qu'il y a police et police, comme il y a fagots et fagots.

Il y a la police instituée contre les malfaiteurs, et.... *l'autre.*

C'est peut-être l'autre que le czar désire organiser dans son vaste empire, à l'instar de celle que nous possédons dans notre belle France.

Mais ce sujet nous entraînerait trop loin.

La suite de notre récit prouvera, mieux que toutes nos réflexions, l'inconstable justesse des paroles de M. Gaulot.

VII

LES ENSEVELISSEURS DE NUIT

Du mois de novembre 1855 au mois de décembre 1858, l'instruction n'a relevé aucun fait à la charge de Dumollard.

Faut-il en conclure qu'il avait renoncé à son odieuse industrie ?

Peut-on affirmer, se basant sur l'absence de preuves, que pendant ce temps il ne commit aucun attentat.

Certes, la crainte du châtiment aurait pu le retenir.

Le retentissement qu'avait eu le crime de Montaverne, l'émotion produite par les plaintes d'Olympe Alabert, de Marie Bourgeois, de Joséphine Charlety, de Victorine Perrin, devaient l'avertir que, pour lui, l'impunité ne pouvait toujours durer.

La peur, à défaut du remords, devait l'arrêter.

Malheureusement une telle supposition est matérielle-
ment impossible.

Que le lecteur se reporte à l'énumération donnée plus
haut des objets inconnus trouvés chez Dumollard.

Sans aucun doute, tout cela provient de ses vols. Les
victimes de ses spoliations ont dû nécessairement périr,
puisqu'elles n'ont pas averti la justice.

Quel en est le nombre ?

Nul ne le saura jamais : mais il est évident que, pour
accumuler un pareil amas de pièces diverses et dispara-
tes, Dumollard a dû continuer sans interruption son infâme métier.

D'ailleurs, il ne possédait aucun moyen d'existence, il
ne travaillait pas. Qui donc a fourni à sa subsistance et
à celle de sa femme ? Le crime évidemment.

Un fait matériel vient, d'ailleurs, à l'appui de nos in-
ductions.

Après l'arrêt de la mise en accusation, le parquet reçut une déposition d'une fille Rosalie Nicolas.

La plaignante raconta que, dans le courant de l'année 1856, elle était venue à Lyon pour chercher une
place.

Elle était logée chez la femme Pin, qui la mit en rapport avec un homme de la campagne, en quête d'une
domestique, qui lui offrit quinze francs par mois.

L'inconnu l'emmena immédiatement.

Avant de partir ; il voulut manger, et lui demanda si
elle avait de l'argent.

— Non d'ailleurs : je n'ai pas faim, répondit-elle.

— Tant pis !

— Pourquoi ?

— Parce qu'il va falloir marcher beaucoup, et que l'épuisement viendra quand nous ne pourrons plus trouver d'auberge.

Rosalie Nicolas sortit de Lyon en omnibus avec son guide ; ce dernier chargea ensuite la malle sur son dos, et on se mit en marche.

A la nuit les deux voyageurs se trouvèrent près d'un bois ; alors le conducteur s'arrêta, déposa la caisse.

— Ce n'est pas tout, dit-il, il faut savoir si tu as de l'argent.

Rosalie voulut fuir ; mais son guide la retint, la fouilla, lui enleva son porte-monnaie contenant environ soixante francs, et se sauva.

— Si tu parles, je te tuerai ! dit-il à la malheureuse en manière d'adieu.

Rosalie, conduite à la prison où était Dumollard, le désigna sans hésitation, quoi qu'il se trouvât, en ce moment, au milieu de cinq ou six prisonniers.

Franchissons cette époque ténébreuse, pour arriver à 1859.

Parmi les victimes de Martin, il en est plusieurs qui sont restées inconnues. Le criminel, lui-même, n'a pu fournir aucun renseignement sur leur identité.

— Oh ! je ne sais pas, je ne leur demandais pas leurs noms. *Si vous voulez que je m'y reconnaisse, dites-moi où je l'ai menée dans le bois ?* répondit-il cyniquement au président qui l'interrogeait sur ce point.

Le nombre des malheureuses tombées sous ses coups explique la confusion de ses souvenirs.

La fille dont le cadavre fut retrouvé dans le bois de Montmain est du nombre de celles que Dumollard n'a pu nommer.

Tout ce qu'on sait, c'est qu'elle était jeune, de petite taille, brune et fort jolie.

Dans le courant de novembre ou de décembre 1858, Dumollard descendait avec elle, à la nuit tombante, d'un train du chemin de fer arrêté à la station de Montluel.

— Votre bulletin de bagages ?... demanda Martin à sa compagne.

— Pourquoi faire ?

— Mais pour aller retirer votre malle; j'aurai plus vite fait que vous... donnez.

La jeune fille sortit son porte-monnaie, dans lequel elle avait renfermé son ticket.

Dumollard se pencha sur son épaule, et vit briller quelques pièces d'or.

Son œil étincela.

— Voilà, dit la jeune fille.

— Nous allons la déposer au bureau, nous viendrons la chercher demain avec la carriole.

Tout se passa comme Martin l'avait dit. Seulement il mit le bulletin de dépôt dans sa poche.

— Je le garde, dit-il ; vous pourriez le perdre ; d'ailleurs, c'est moi qui retournerai demain avec la voiture.

La jeune fille fut bien quelque peu étonnée de ce sans-façon, mais ne manifesta pas autrement sa surprise.

— Partons ! reprit Dumollard, il se fait tard, et nous avons loin à aller.

. . . .

Que se passa-t-il ensuite entre cet homme et cette malheureuse jeune fille ?

Nul ne le saura jamais; mais les aveux de Marie-Anne ont permis de reconstituer une partie de cet épouvantable drame.

. . . .

Vers minuit Martin rentra chez lui.

Il déposa sur la table une montre en argent, un porte-monnaie et des boucles d'oreilles.

Sur le plancher il laissa tomber des vêtements ensanglantés.

— Allons debout, et leste ! dit-il à sa femme.

— Ça y est ?

— Oui.

— Où donc ?

— Au bois de Montmain.

Marie-Anne s'habilla précipitamment.

Dumollard cacha l'argent et les bijoux dans une armoire, et repoussa du pied jusque sous le lit la robe souillée de sang.

Il quitta sa blouse maculée à certains endroits, en revêtit une autre, lava soigueusement ses mains et sa figure.

Cela fait, il jeta sur son épaule une pioche et une pelle.

— Es-tu prête ? dit-il ensuite en se tournant vers sa femme.

— Oui.

— Et la lanterne ?

— La voici ; je vais l'allumer.

— Non... non !

— Et pourquoi donc ?

— On pourrait nous voir passer. La Berthet ne dort jamais que d'un œil, tu le sais bien.

— Nous l'éclairerons là bas.

— Oui, prends des allumettes.

Le mari et sa digne moitié sortirent, fermèrent, avec soin et à double tour, la porte de leur tanière, et prirent un sentier qui contourne Dagneux.

Ils évitèrent de même Montluel ; et se dirigèrent, à travers champs, vers le bois de Montmain.

La nuit était très-sombre, pas une étoile ne brillait au ciel. La nature tout entière était plongée dans le sommeil le plus profond.

Seul, le crime veillait.

Après une marche rapide, les deux époux atteignirent la lisière du bois.

Une fois dans le taillis, Marie-Anne éclaira sa lanterne.

Dumollard la guidait à travers les fourrés.

Vers deux heures ils atteignirent l'endroit fatal.

La jeune fille que Dumollard accompagnait, avec laquelle il était arrivé à Montluel, gisait au milieu d'une mare de sang, le crâne ouvert.

A côté d'elle, un caillou pointu auquel adhéraient des lambeaux de cuir chevelu, des débris de cervelle.

Comme Marie Baday, l'infortunée avait subi un suprême outrage. Les traces du viol étaient visibles. Le cadavre n'avait que son dernier vêtement, sa chemise.

Marie-Anne, qu'agitait un léger tremblement nerveux, pâle sous sa couche de bistre, promena sa lanterne d'une extrémité à l'autre de ce corps inanimé.

Un jeu de lumière lui fit croire un instant que les yeux du cadavre s'étaient ouverts.

— Oh ! s'écria-t-elle en reculant, la morte !... elle revient !... elle a remué !...

Effarée, elle laissa échapper sa lanterne.

— Mille tonnerres ! s'écria Martin, es-tu folle ? Tu sais bien que je ne les manque jamais !...

Il releva la lumière.

— Vois plutôt, satanée peureuse ! dit-il.

L'infâme eut l'audace d'appliquer un grand coup de pied dans le flanc de sa victime.

Le corps roula sur lui-même, et retomba lourdement sur la face.

Cette expérience concluante rassura la timide femelle du fauve ; elle se rapprocha.

Sa main saisit la chemise de l'infortunée.

— C'est de la vraie toile !... s'écria-t-elle, ce serait dommage de la laisser perdre.

— Comme tu voudras.

— Elle me servira, elle est encore très-bonne.

— Enlève-la, nous pouvons bien l'enterrer sans linceul.

Le monstre ricanait.

— Sûrement, dit la femme, puisqu'il n'y a pas de curé.

Sur ce dernier mot, elle s'accroupit et dépouilla le cadavre. Elle rassembla le bonnet, un mouchoir, un fichu, dispersés çà et là, et réunit le tout en un seul paquet.

Pendant ce temps Dumollard piochait.

Marie-Anne vint à son aide, s'empara de la pelle et se mit à rejeter la terre que son mari soulevait.

L'opération ne dura pas plus d'une heure. Quand la fosse fut prête, Martin prit la victime par la tête, Marie-Anne par les pieds.

Ils ne la déposèrent pas, ils la jetèrent brutalement dans le trou béant qu'ils venaient de creuser.

Le corps, en tombant, rendit un bruit sourd, mat, effrayant !...

Les deux nocturnes ensevelisseurs recouvrirent le cadavre, piétinèrent la terre pour la tasser, étendirent sur cette lugubre tombe une couche de feuilles sèches pour la dissimuler.

— Il faut bien se conformer à l'usage, avait dit Dumol-

Exécution du père de Dumollard.

lard. On dépose toujours quelques fleurs sur les cer-
cueils.

— Oui, des couronnes.

Dumollard.

— Seulement, celle-ci n'est pas d'immortelles ! ajouta le
mari, en laissant tomber une dernière branche de pin.

— Assez causé ! reprit la femme, il est temps de rentrer.

— Partons !

On se mit en route.

— Nous arriverons encore avant le jour, affirma Dumollard.

— Quelle heure peut-il être ?

— Je ne sais pas... **Ah !** dit Martin tout joyeux, désormais je saurai l'heure.

— Comment donc ?

— J'aurai une montre.

— C'est vrai : un bel *oignon* en argent, ma foi !

— C'est **très-utile** ; il y a longtemps que je désirais en avoir une.

— C'est indispensable, appuya Marie-Anne, quand on voyage beaucoup.

— Surtout la nuit.

Le retour **s'effectua** lestement.

Les premières lueurs de l'aube blanchissaient l'horizon lorsque les deux époux arrivèrent chez eux.

Ils prirent toutes les précautions nécessaires pour éviter le bruit, et réussirent parfaitement : nul ne les entendit.

Pendant qu'ils se déshabillaient, pour aller chercher un repos si bien mérité, après tant de fatigues, Martin dit à sa femme :

— Demain, tu laveras la robe et la chemise, ne l'oublie pas.

— Sois tranquille : je les savonnerai ici, toute seule; et quand il n'y aura plus de sang, j'irai les rincer.

— Et moi, j'irai chercher la malle à Montluel.

— Ah ! il y a une malle ?

— Toute pleine.

— Où est-elle ?

— Au dépôt de la gare... voici le bulletin.

— Si elle est au dépôt... il faut l'y laisser... reprit la femme après un instant de silence.

— Tiens ! et pourquoi ?

— Tu te ferais prendre. On t'a vu avec *elle;* on n'aurait qu'à t'en demander des nouvelles ?...

Dumollard réfléchit un instant.

— Tu as peut-être raison ; il ne faut pas trop s'exposer.

Et il se coucha.

Dormit-il ? Le cadavre défiguré qui reposait au bois de Montmain sous quelques pouces de terre dut lui apparaître dans les cauchemars qui vinrent tourmenter son sommeil.

S'il fit de sombres de rêves, ils produisirent peu d'impression sur son esprit ; car le lendemain, en dépit des observations de sa femme, il se rendit à la gare de Montluel.

Il rentra à Molard à la nuit tombante, portant une malle sur son dos. Sa rapacité lui faisait braver tous les dangers.

VIII

SAUVÉES

En toute sincérité, cher lecteur, nous sommes très-positivement fatigué, écœuré.... Et vous ?

Nous ne sommes pourtant qu'à moitié chemin. La route qu'il nous reste à parcourir, n'est ni moins longue, ni moins triste. Deux années, à peine, nous séparent du dénoûment; mais pleines de faits qui surpassent en atrocité tout ce que nous avons vu jusqu'ici.

C'est une loi fatale: on s'arrête parfois quand on monte; quand on descend, jamais !

Puissent ces tristes leçons ne pas être perdues !

Que ces autopsies morales instruisent ceux qui ont charge d'âmes, comme les dissections, les travaux d'amphithéâtre instruisent les médecins du corps.

Nous aussi, nous fouillons des cadavres putréfiés; et le dégoût que nous éprouvons, n'est pas moindre que celui de l'élève qui pénètre, pour la première fois, dans une école pratique.

Surmontons notre répugnance, continuons nos études, quelque repoussantes qu'elles puissent être.

Indignons-nous contre le crime ; mais plaignons le criminel, au moins autant que nous le détestons, que nous le méprisons.

Et comme conclusion, après avoir sondé la plaie, cherchons les moyens de la guérir.

Notre travail n'a pas d'autre raison d'être.

Chose étonnante et qui mérite qu'on s'y arrête sérieusement, Dumollard n'avait aucune de ces passions impérieuses dont l'assouvissement coûteux entraîne tant de déshérités.

Il n'était ni joueur, ni ivrogne, ni dépensier.

Il était paresseux, et c'est tout.

Sa lubricité, qui s'est manifestée sur quelques-unes de ses victimes par d'odieuses violences, n'était peut-être qu'une conséquence de ses meurtres. Elle ne paraît point avoir été la cause dominante d'aucun d'eux.

Son but principal était le vol.

Il économisait avec soin le produit de ses assassinats; il était rangé: s'il eût connu la caisse d'épargne, volontiers il y eût placé l'excédant de ses rapines.

Preuve irréfutable: ce sinistre thésauriseur acheta une vigne, dès qu'il eut amassé une somme suffisante.

Les grappes qu'il récoltait devaient distiller du sang.

Ce sang, il le buvait.

Qui oserait soutenir, affirmer, que le fils du Hongrois, mieux dirigé, appelé, dès ses premiers pas, à prendre sa part des agapes fraternelles de la civilisation, fût néanmoins devenu le scélérat légendaire dont nous essayons aujourd'hui de vous conter la hideuse histoire ?

Personne assurément.

Mais dans un ouvrage comme celui-ci, nous n'avons pas le loisir de discuter ces problèmes sociaux. D'ailleurs, les faits parlent assez haut; ils n'ont pas besoin de commentaires.

Reprenons donc notre récit.

Le 18 janvier 1859, une jeune fille d'une figure avenante, vive, alerte, l'air un peu trop hardi peut-être, presque provoquant, trottinait légèrement dans une des rues du faubourg de la Guillotière, à Lyon.

Dumollard avait établi là son quartier général.

Arrivée au pont, elle jeta les yeux autour d'elle, comme si elle cherchait quelqu'un.

Son désappointement se manifesta par une petite moue tout à fait charmante.

Après avoir sondé le quai du regard, frappant du pied avec une impatience croissante à mesure que son attente se prolongeait, elle se retourna et reprit le chemin qu'elle venait de parcourir.

Un individu, vêtu d'une blouse, d'un chapeau noir, que nos lecteurs reconnaîtront sans peine à sa lèvre fendue, descendait le pont de l'autre côté de la chaussée.

A la vue de la jeune fille, il s'arrêta et la considéra attentivement quelques instants. Le résultat de son examen fut décisif; car notre homme traversa le pont et se mit à marcher sur les talons de l'inconnue.

Il la rejoignit rue de la Charité, l'aborda ; et d'un ton qu'il essaya de rendre aussi doux que possible :

— Pourriez-vous, mademoiselle, m'indiquer un bureau de placement, s'il vous plaît ? dit-il.

La jeune fille releva la tête.

— Un bureau de placement ? Vous avez celui des Blandines, celui de monsieur Baduel.....

— Croyez-vous que j'y trouve une domestique ?

— Parbleu ! il est rare qu'on y trouve autre chose, répondit la jolie Lyonnaise en riant.

— Oui, je sais; mais une fille accorte, délurée...

— Oh ! ce n'est pas ça qui manque !

— Qui puisse être femme de chambre discrète, en même temps qu'habile.

— Vous êtes joliment difficile, dites donc, gros père. C'est pour vous que vous cherchez une pareille perle ?

— Vous voulez rire, mademoiselle, répondit Dumollard avec bonhomie ; mais j'aime aussi à plaisanter, et si j'étais sûr de tomber sur une bonne petite fille, comme vous, gaie, drôlette, aussi laborieuse que vous paraissez l'être, je n'hésiterais pas à traiter avec elle à deux cent cinquante francs par an... J'irais peut-être même jusqu'à trois cents, puisque mon maître m'y a autorisé.

— Vous dites ?... répliqua la jeune fille, qui toisa l'inconnu des pieds à la tête.

— J'ai dit trois cents francs.

Il prononça ces mots simplement, naïvement, mais avec une assurance telle, qu'il était presque impossible de douter de sa sincérité.

Néanmoins la jolie impatiente hésita un moment avant de répondre.

— Il ne vient pas... il ne viendra pas !... murmurait-elle ; il ne m'aime pas, c'est clair !

Elle se tourna brusquement vers son interlocuteur.

— Quand faudrait-il entrer en place ? demanda-t-elle.

La figure de Dumollard, — c'était bien lui, — s'épanouit.

— Vous acceptez donc ? fit-il.

— Oui, si dans un quart d'heure la personne que j'attends n'est pas arrivée.

— Eh bien ! si mes propositions vous conviennent, nous partirons immédiatement.

— Ça y est !... Est-ce loin ?

— A huit kilomètres de Neuville, dans la commune de Saint-André-de-Corcy.

— Comment s'appelle votre maître ?

— Monsieur de Montbrun.

— A propos, et vous ?

— Moi...? je m'appelle Jean... tout simplement.

Il avait l'air si timide, si confus, si humilié, que la jeune fille s'empressa d'ajouter :

— Ce n'est pas votre faute, après tout, si vous n'avez pas de nom de famille... Moi, on me nomme Julie Farjat... je n'en suis pas plus heureuse, allez !

Le crocodile, tout ému, saisit la main de la jeune fille.

— Oh ! vous êtes bonne !... Il y en a tant qui m'ont reproché ma naissance.

Le quart d'heure demandé par Julie était passé; elle s'assura que personne ne paraissait, que tout espoir était perdu.

— Allons ! fit-elle ensuite avec un gros soupir.

Depuis quatre jours, la pauvrette venait là attendre son amoureux. Celui-ci, farceur enragé, était parti en lui assignant ce rendez-vous ; il riait probablement avec ses amis, en songeant que Julie montait quotidiennement et avec conscience sa faction d'une heure ou deux.

Il y a des gens qui ont tant et tant d'esprit !

Outrée d'un pareil procédé, Julie avait saisi, sans hésiter, l'occasion de quitter une ville où elle avait éprouvé une si cruelle déception.

Une fois son parti pris, elle demanda à Dumollard tous les renseignements désirables. Ce dernier satisfit à toutes ses questions, insistant sur la nécessité de partir aussitôt.

— Je vais aller chercher quelques effets, dit-elle; pendant ce temps, gagnez Serin; vous m'attendrez au café de la mère Quenard.

— C'est ça, nous prendrons le chemin de fer jusqu'à Neuville.

La jeune fille s'éloigna. Dumollard, tout joyeux, se dirigea vers le cabaret indiqué.

Il le trouva sans peine, et se fit servir à dîner.

Julie Farjat, plus proprement vêtue que les domestiques ordinaires, portait des boucles d'oreilles en or, des bagues. Tout cela présageait un riche butin. C'est là ce qui rendait Rémond si joyeux.

Dans son ravissement, il alla jusqu'à offrir à la jeune fille, qui ne tarda pas à le rejoindre, de partager son modeste repas.

Julie accepta sans façon.

Ses reparties, sa gentillesse faillirent apprivoiser le fauve.

— Il se fait tard, lui dit-il à l'oreille, voulez-vous que nous restions à Lyon cette nuit?...

— Tiens, pourquoi donc?...

— Mais... balbutia Dumollard, nous... nous... retiendrons une chambre...

— Une ?...

— Oui.

L'expression de la physionomie, l'éclat des yeux, complétaient suffisamment la pensée de Martin.

Julie Farjat considéra un instant cette face de satyre; et ne put retenir un geste de dégoût.

Dumollard surprit ce mouvement involontaire; sa face se hérissa.

Julie Farjat était condamnée.

Cette impression fut courte. La brute sensuelle et rapace, à laquelle la pauvre servante s'était confiée, ramena le sourire sur ses lèvres :

— Je voulais savoir, dit-il, si vous étiez aussi sage que bonne.

Il paya et sortit avec sa future victime.

A cinq heures il descendait avec elle à Neuville.

Dumollard voulut alors prendre le carton de sa compagne pour alléger sa marche.

— Il n'est pas lourd, fit-il en l'élevant au bout de son doigt.

— J'ai pris peu de chose, répondit Julie, j'enverrai chercher le reste, si je me plais chez M. de Montbrun. D'ailleurs, ajouta-t-elle en frappant sur la poche de son tablier, j'ai là de quoi me procurer tout ce dont j'aurai besoin.

Martin redoubla de prévenances et d'attentions. Il fit à

la jeune fille le récit de toutes les félicités qui l'attendaient; lui dit les bontés de madame et de monsieur; lui promit monts et merveilles.

A l'entendre, il valait beaucoup mieux être domestique chez M. de Montbrun, que maître partout ailleurs.

Cette tactique eut un effet tout opposé à celui qu'espérait Dumollard. Julie commença à se méfier.

Ces exagérations lui avaient inspiré des doutes ; en outre, elle avait remarqué qu'au lieu de traverser Montanay, son guide avait pris un chemin de pied incontestablement plus long.

Ces soupçons vagues prirent plus de consistance à mesure que l'obscurité augmenta.

Dumollard, à qui les hésitations de Julie n'échappaient point, frémissait de rage en pensant que sa victime allait lui échapper.

Il était sept heures passées : les appréhensions de la jeune fille tournaient à l'effroi.

Devant, elle apercevait un bois touffu ; le lieu où elle se trouvait était absolument désert ; de quel côté qu'elle tournât les yeux, aucune trace d'habitation.

Au moment de pénétrer dans le taillis, elle s'arrêta :

— Où allons-nous donc? fit-elle.

— Chez monsieur de Montbrun.

— Par là ?...

— Mais certainement.

— Il n'y a aucun chemin tracé dans ce bois, réponditelle, prenons une autre route.

— C'est la seule.

— Dans ce cas, je refuse d'aller plus loin ce soir; revenons à Mionnay, nous y coucherons.

Le ton ferme et décidé de ces paroles surmontèrent les derniers scrupules de Dumollard.

— Nous sommes trop avancés pour reculer maintenant, dit-il.

Il saisit Julie par le bras et voulut l'entraîner.

— Au secours ! au secours !... cria la malheureuse.

A ce cri, l'assassin se précipita sur elle, la bâillonna d'une main, et la renversa de l'autre.

Mais la jolie fille ne perdit pas courage : elle jeta ses deux mains en avant, visant aux yeux de son adversaire, qu'elle égratigna cruellement à la joue.

Martin poussa un hurlement de rage. Julie réussit à se dégager de la main qui l'étouffait.

— A l'assassin !... au secours !...

— Tu as beau gueuler, dit le meurtrier, tu y passeras comme les autres.

Mais à ce nouvel appel, des voix avaient répondu de 'autre côté du taillis, à cinquante mètres environ.

Dumollard, épouvanté, s'arrêta, écoutant ce bruit qui devenait de plus en plus distinct et paraissait se rapprocher.

Julie continuait à se débattre, sans cesser de crier.

Soudain, Martin se releva, saisit le tablier de la jeune fille, l'arracha brusquement et prit la fuite.

Sa victime se mit à courir dans la direction des per-

sonnes qui venaient à son aide, et rencontra bientôt Si-
mon Mallet et son fils, fermiers du domaine de Lhopital.

— Il a fui, l'assassin!... s'écria-t-elle.

— Par où ?

— Par ici, du côté du bois.

Le plus jeune s'élança dans la direction indiqué, pendant que le père soutenait Julie, tremblante, affolée de
terreur.

Un quart d'heure après, le fils Mallet revint : il n'avait
rien vu.

Sur le théâtre de la lutte on retrouva le carton de la
pauvre jeune fille ; mais Dumollard avait emporté toutes
ses économies, contenues dans la poche de son tablier.

Une plainte fut déposée, mais n'eut pas plus de succès
que les précédentes, pas plus que celle que reçut quelques mois après ce Saint-Geni, si durement réprimandé
à l'audience par M. Gaulot.

Voici les détails de cette nouvelle tentative.

On fit si peu d'attention aux paroles de la plaignante,
que son nom ne fut même pas retenu.

Le 11 décembre, Jean-Pierre Chrétien, meûnier à
Sainte-Croix, vit passer à la nuit tombante, sur le chemin
vicinal qui conduit au bois de cette commune, un individu coiffé d'un chapeau noir, vêtu d'une blouse bleue,
et portant à la main un carton vert.

Cet homme détourna la tête en passant devant lui.

Il était accompagné d'une jeune femme, grande, brune,

paraissant âgée de vingt-cinq ans environ : elle semblait très-fatiguée.

Était-ce hasard ou prédilection de l'assassin ? son choix tombait presque toujours sur des brunes.

Les deux voyageurs étaient à peine à cinquante mètres, que la jeune fille revint vivement sur ses pas.

— C'est bien le château de Sainte-Croix qu'on voit d'ici, là-bas, à droite ? demanda-t-elle au meunier.

Chrétien la regarda avec quelque étonnement.

Elle paraissait fortement émue.

— Mais, répondit-il, celui qui est avec vous, votre père ou votre frère, je suppose, doit bien le savoir.

— Ce n'est ni mon père ni mon frère.

— Comment ?

— Non, c'es un homme que je ne connais pas, et j'ai peur !

Les pleurs lui coupèrent la voix.

— Vous êtes bien imprudente, reprit Chrétien ; suivre un inconnu !...

— Que faire, mon Dieu ! que faire ?... s'écria la pauvre fille toute en larmes.

— Vous risquez bien, à cette heure, de tomber avec lui dans une mauvaise position, de vous faire voler, et peut-être de vous faire faire des sottises.....

— Sauvez moi !... par grâce !... je vous en supplie !

— Restez ici, si vous voulez.

— Oh ! merci !

— Ou bien, continua le meunier, allez demander l'hospitalité à madame Damiron, au domaine du Batay, où vous serez parfaitement reçue.

La jeune fille se rassura. Elle jeta les yeux sur le chemin et s'aperçut que, pendant ce colloque, son compagnon avait disparu.

— Je veux bien, dit-elle, j'accepte ; mais ayez la bonté de venir avec moi, près de cet homme, pour que je reprenne mes affaires.

— Comment voulez-vous que je coure après lui ? Il a deux cents pas d'avance, au moins ; et il s'enfonce dans le bois de Botte, qui n'a pas moins de trois cents bichets !...

— Perdu ! tout est perdu !...

— Qu'est-ce qu'il y a dans votre carton ?

— Mes habillements les plus beaux...

— Et puis ?

— Quarante francs, toute ma fortune.

Chrétien réfléchit une seconde.

— Nous allons essayer de le rejoindre, dit-il.

— Merci.

— Venez vite, nous l'attendrons à la sortie du bois. Je connais la localité, il ne se doutera pas que nous pouvons arriver à temps pour lui couper la route.

Tous les deux coururent à l'endroit indiqué.

Ils s'accroupirent derrière un mur, prêtant l'oreille, immobiles, retenant leur haleine.

Un quart d'heure se passa ainsi, sans que rien vint justifier les espérances du meunier.

— Votre voleur aura pris à gauche, du côté de Beynost, dit-il; inutile de songer à le poursuivre.

Accompagné de la pauvre jeune fille, il reprit le chemin de son moulin. Il la fit accompagner ensuite chez
madame Damiron, à Puisay, qui l'accueillit avec bienveil-
lance.

Le lendemain, la volée quitta cette maison hospitalière
et descendit à Sainte-Croix. Elle raconta au garde champêtre qu'elle avait été accostée à Lyon par un homme
qui lui avait offert une place de domestique, qu'elle
l'avait suivi, et qu'elle avait été dévalisée par lui.

Elle invoqua le témoignage de Chrétien.

Saint-Geni eut le tort de ne pas tenir compte de la
plainte.

IX

UNE NIÈCE CAPRICIEUSE. — SOUS UN CHÊNE

Dans le courant de 1859, Dumollard, sans doute pour
se déguiser, avait laissé pousser sa barbe.

Cette précaution nous autorise à croire qu'il a dû apporter, à cette époque, dans son industrie sinistre, un re-
doublement d'activité.

Le fait que nous allons raconter confirme nos assertions. Il suffirait à lui seul pour en prouver la vérité,
quand nous n'aurions pas à l'appui cette énorme quantité

d'objets inconnus, trouvés à Molard, et qui autorisent les suppositions les plus atroces.

Marie Pichon

Le fauve conservait tout :

Livres, encriers, calepins, papiers de famille, porte-feuilles, certificats: tout lui était bon.

C'est, grâce à cette inconcevable manie, que la justice

a pu percer, en partie, le mystère qui enveloppait la vie de cet homme.

Mais combien minime le nombre des pièces de conviction dont l'origine a pu être constatée d'une manière certaine !

L'imagination se refuse à sonder ces ténèbres, à essayer de bâtir, de recomposer l'histoire de ces sept années, d'après les vestiges accumulés par lui dans sa bauge.

Que de faits, du genre de celui qui va suivre, cachent ces caisses, pleines de mille brimborions sans valeur, transportées de la chaumière de Dumollard dans le prétoire de la cour d'assises !

Les jurés refusèrent d'en vérifier le contenu.

Ils préférèrent s'en tenir aux crimes connus, prouvés, déjà si nombreux.

Leur honnêteté se révolta ; ils n'osèrent s'engager dans le champ des suppositions qu'une telle vue eût nécessairement fait naître dans leurs esprits.

Ou plutôt, ils craignirent de ne plus trouver, dans nos lois, une peine suffisante pour ce criminel, après avoir contemplé cet amas, produit de forfaits restés dans l'ombre.

Dans les premiers jours de l'année 1860, Dumollard se présenta, à la tombée de la nuit, chez madame Laborde, logeuse en garni, faubourg de la Guillotière, à Lyon.

Il était accompagné d'une grande et belle fille, âgée

d'une trentaine d'années, pâle, avec de grands yeux noirs, une abondante chevelure brune.

Elle portait un cabas qui paraissait contenir des objets assez lourds.

Elle était vêtue d'une robe en laine à carreaux rouges, blancs et bruns. On se souvient que l'écossais était fort à la mode à cette époque.

Au moment où Martin entrait dans le bureau de l'hôtel, madame Laborde était occupée à inscrire deux voyageurs qui venaient d'arriver et qui lui déclinaient leurs noms.

Dumollard se dissimula dans le couloir, de manière à passer inaperçu ; et quand les deux inconnus eurent terminé, et qu'ils furent montés dans leurs chambres, il pénétra à son tour dans le bureau.

— Vous désirez ? demanda madame Laborde.

— La nuit nous a surpris.........

— Une chambre, n'est-ce pas ?

— Oui.

— Et vous, mademoiselle ? ajouta la logeuse en se tournant vers la compagne de Dumollard.

— C'est ma nièce... répondit vivement celui-ci.

— Ah ! beau brin de fille !

— Certes ! fit Martin.

L'inconnue, objet de ce colloque, ne soufflait mot.

— Nous allons aussi lui donner une chambre, à votre nièce ? demanda madame Laborde.

La jeune fille fit un signe d'assentiment.

— Mais... fit Dumollard.

— Quoi donc ?

— Nous ne sommes pas très-riches, nous autres paysans...

— Oh ! ce n'est pas cher ici, affirma l'hôtesse.

— Combien !

— Un franc cinquante par chambre.

— Et par lit ?

— Ah ! vous voudriez peut-être rester ensemble dans une même chambre ?...

La prétendue nièce fit un mouvement de surprise.

— Oui, c'est cel'a, fit Dumollard, dans une chambre à deux lits. En avez-vous une ?

De la surprise la jeune fille passa à la frayeur.

— Certainement, j'en ai....

L'hôtesse n'acheva pas.

A peine avait-elle formulé son affirmation, que la compagne de Martin avait subitement pris la fuite en poussant un cri d'horreur.

Dumollard courait après elle.

Madame Laborde, stupéfaite de cette fugue inattendue, sortit sur le pas de sa porte.

Suivie de près par son oncle d'occasion, la jeune fille, fuyant toujours devant lui, tournait le coin de la rue prochaine.

— Ah ! ah ! ah !... Je vois ce que c'est, se dit la logeuse ; parents de contrebande ! La petite aura réfléchi au dernier moment.

Elle regagna son bureau.

Quelques jours après, elle rencontra Dumollard.

— Eh ! eh ! gros père, vous n'êtes pas revenu l'autre soir.

— Non.

— Et votre nièce ? ajouta madame Laborde avec une pointe d'ironie.

— Une petite sauvage, on ne peut pas lui faire entendre raison.

— C'est que vous ne savez peut-être pas ? reprit malicieusement l'hôtesse.

Dumollard ne voulut pas comprendre ; et continua, de ce ton naïf, qu'il savait si bien prendre à l'occasion :

— Capricieuse et volontaire... mon frère l'a bien mal élevée !... Vous ne lui plaisiez pas, c'est tout ce qu'elle a su me dire. Elle a préféré aller coucher dans un sale taudis, où je n'ai pu dormir de la nuit.

— Ah ! vraiment ?

— Je n'y reviendrai plus, je vous l'assure... la première fois que mes affaires me retiendront ici la nuit, c'est chez vous que je viendrai tout droit.

— Je vous attends alors.

— Oui... oui... Je vous le promets.

Il y revint en effet, et à différentes reprises ; il fut inscrit sous son vrai nom : Martin Dumollard.

. . . .

Et la nièce ?

Dix-huit mois après, la robe et le cabas de cette malheureuse furent retrouvés dans la tanière du fauve.

Madame Laborde les reconnut sans hésitation.

La pauvre fille a-t-elle été dépouillée et laissée vivante, toute nue ?

Évidemment non.

Mais alors !...

. . . .

Passons sans nous arrêter plus longtemps. Un faiseur de romans eût pu édifier mille histoires de ce genre, mais nous avons borné notre tâche à celle de narrateurs fidèles.

Nous ne voulons rien amplifier, rien commenter ; la vérité parle trop haut pour que nous nous permettions aucune fantaisie d'imagination.

Deux mois à peine s'étaient écoulés depuis l'aventure racontée plus haut.

Dumollard habitait Lyon depuis trois jours. Ses recherches étaient infructueuses.

Enfin, le 29 avril, il fit la rencontre de Marie Michel, qu'il accosta comme il le faisait habituellement.

Cette fois c'était pour son propre compte qu'il cherchait une servante. Il se disait propriétaire à Saint-Trivier. Il offrit deux cents francs de gages, à la condition que Marie le suivrait immédiatement.

Comme il était trop tard pour se mettre en route, le départ fut fixé au lendemain.

Martin passa la nuit chez madame Laborde, et retrouva Marie Michel au rendez-vous par lui assigné.

La jeune fille portait son bagage divisé en deux paquets.

A trois heures ils partaient ensemble par la voiture de Neuville. La jeune femme trouva place dans l'intérieur; Dumollard monta sur l'impériale.

Avant de partir, il avait prié Marie de régler le prix des places.

— Je n'ai pas de monnaie, avait-il dit ; mais j'ai mille francs à prendre à la Grenade ; je vous rendrai cela avant d'arriver.

La future servante trouva bien quelque peu étonnant de payer pour son maître ; mais, craignant de perdre une condition si avantageuse, elle solda le conducteur.

Soit irritation nerveuse, soit regret de quitter Lyon, où elle laissait peut-être des personnes qui l'intéressaient vivement, Marie Michel, une fois en voiture, se mit à pleurer.

Le conducteur lui demanda à plusieurs reprises la cause de ses larmes : elle refusa constamment d'en dire la raison.

On atteignit Neuville vers cinq heures.

— Je suis bien fatiguée, dit Marie Michel en contemplant ses deux paquets déposés sur le trottoir par le facteur de la diligence ; si nous laissions tout cela ici?

— Hum ! fit Dumollard en se grattant l'oreille.

— Qu'en dites-vous ?

— Ce n'est pas bien lourd, je vous aiderai.

— Cela pèse plus que vous ne croyez ; et puis, c'est bien embarrassant.

— Bah !

— D'ailleurs, je connais le chemin, il est très-mauvais, surtout à partir de Darse ; sans compter qu'il va faire nuit.

Dumollard craignit, en insistant davantage, d'éveiller les soupçons de sa servante.

— Comme vous voudrez, fit-il.

— Connaissez-vous quelqu'un ici ? demanda Marie.

— Ici ?... Non ! Allons jusqu'à Darse ; là j'ai mon ami Falcon, qui gardera nos paquets tant que nous voudrons.

La jeune fille prit l'un des fardeaux, Dumollard l'autre, et on partit.

Marie Michel était en proie à une tristesse invincible qui l'accablait. On eût dit un pressentiment.

Arrivé chez Falcon, Martin, après avoir de nouveau essayé de persuader à sa compagne d'emporter les bagages avec eux, se rendit à ses instances, et les déposa lui-même, annonçant qu'il viendrait les reprendre et paye-rait un droit de garde.

Les sentiers dans lesquels le faux propriétaire de Saint-Trivier fit engager Marie Michel étaient affreux.

Il avait plu quelques jours auparavant. Le sol détrempé était tellement boueux que la pauvre fille pouvait à peine marcher.

— Allons, courage, lui disait son compagnon, nous ne tarderons pas à arriver.

— Je suis si lasse !

— Vous dormirez bien cette nuit, vous reposerez dans un bon lit.

Encouragée par cette perspective, la servante rassemblait ses forces, et continuait sa route dans cette fange épaisse qui s'attachait à ses chaussures comme de la glu.

Le ciel était couvert, l'obscurité profonde.

Une lune blafarde perçait de temps en temps entre deux nuages, sans réussir à dissiper le ténèbres. La tristesse de Marie Michel tournait à l'inquiétude.

Le milieu dans lequel l'homme s'agite a une immense influence sur son âme. La jeune fille subissait l'impression de cette nature sombre et triste qui l'environnait.

— Tenez, fit Dumollard en désignant un bouquet d'arbres devant lui, nous allons nous reposer un instant si vous voulez.

— Non... non !

— Pourquoi ?

— Je suis pressée d'arriver.

— Mais cela vous rendra vos forces.

— Au contraire, je sens que si je m'arrêtais, je serais incapable de me remettre en route.

— C'est une idée... une idée de femme !

— Je me connais, insista Marie.

Martin, sans l'écouter, quitta le sentier pour aller s'asseoir sous un chêne.

— Moi, dit-il, je ne puis aller plus loin sans faire halte quelques minutes.

— Comme vous voudrez.

— Venez, vous verrez que cela vous fera du bien.

Nous avons encore trois bons quarts d'heure de marche.

— Où sommes-nous donc ?

— A Bussiges ; ce bois en dépend, c'est la forêt des Allées. Allons, venez là, près de moi, sur cette pierre.

Pendant cette conversation, Marie Michel s'était rapprochée de son soi-disant maître ; elle avait laissé tomber à terre le parapluie qu'elle portait.

Dumollard crut qu'elle allait céder à ses instances, et s'asseoir près de lui.

— Tenez, lui dit-il, je sens que nous nous entendrons très-bien ensemble.

— Je l'espère.

— Prouvez-le-moi.

— Comment ?

— Remettez-moi l'argent que vous avez... Je serai sûr alors que vous resterez longtemps avec moi.

Très-étonnée de cette singulière demande, la jeune fille considéra son interlocuteur, l'expression de son visage l'épouvanta.

Elle se baissa pour ramasser son parapluie et s'enfuir ; mais Dumollard la saisit brusquement par le bas de sa robe.

— Ton argent !... Il me le faut, dit-il d'une voix terrible.

Cette menace rendit son énergie à Marie Michel. Elle se dégagea, par un effort surhumain, de l'étreinte du misérable et prit la fuite.

La terreur lui donnait des ailes.

Avant que Martin eût eu le temps de se relever, elle était déjà loin.

Malheureusement, dans sa précipitation, elle se laissa choir dans un bourbier... elle se sentit perdue.

— Au secours ! au secours !... au voleur !... criait-elle en se débattant au milieu de la fange.

On entendit, au loin, le grincement des roues d'une charrette.

Le fauve hésita un instant ; mais le danger était trop imminent pour qu'il se hasardât à poursuivre la victime qui lui échappait ; il s'élança du côté opposé et disparut dans le bois.

Quelques minutes après, Claude Arnoud, qui conduisait à Neuville une voiture de genêts, vit accourir à lui une jeune fille éplorée, tremblant encore à la pensée du danger qu'elle venait de courir.

Il la rassura de son mieux, et voulut la conduire chez le maire de Sivrieux.

Marie Michel refusa, préférant reprendre immédiatement le chemin de Neuville.

Elle craignait que son ex-maître n'arrivât avant elle pour s'emparer de ses bagages.

A dix heures elle était chez Faicon. De là, elle se rendit chez M. Arête, commissaire de police, et déposa sa plainte.

Inutile formalité, qui ne devait pas encore amener l'arrestation du coupable.

Nous allons voir Dumollard accomplir son forfait le plus horrible, le plus épouvantable.

X

ENTERRÉE VIVANTE

Enterrée vivante !... Qui jamais a pu, sans frémir, s'arrêter à l'horrible idée que représentent ces deux mots ?

Les constatations médico-légales ne laissent cependant aucun doute à cet égard : Marie-Eulalie Bussod n'était qu'évanouie, lorsque Dumollard l'ensevelit au bois des Communes.

Le 18 février, sur les deux heures, cette malheureuse fille arriva chez sa sœur, accompagnée de son futur meurtrier.

Ce dernier l'avait rencontrée sur la voie publique, et lui avait proposé d'entrer à son service. Après avoir discuté ensemble le taux du gage, on était tombé d'accord à deux cent dix francs.

Joséphine Bussod, en apprenant cette nouvelle, s'opposa à ce que sa sœur quittât ses maîtres, qui étaient très-bons pour elle.

— Songe donc, répondit Marie, je gagne cinquante francs de plus.

— Mais tu nous quittes.

— Mon enfant !... dit Marie-Eulalie à voix basse.

Joséphine ne sut que répondre et poussa un grand soupir.

Sa sœur Eulalie, comme tant d'autres, s'était laissé séduire par les promesses d'un certain Rod, homme corrompu, qui, après avoir abusé d'elle, l'avait abandonnée enceinte de six mois.

L'infortunée, pleurant sur sa faute, mais décidée à devenir bonne mère n'ayant su rester honnête fille, se résigna ; elle se fit admettre à l'hospice des Enfants-Trouvés de Lyon.

C'est là qu'elle mit au monde un fils qui, dès sa naissance, se trouva sans père ; et que Dumollard devait bientôt priver du seul appui qui lui restât.

La pauvre mère n'avait plus qu'un but vers lequel tendaient tous ses efforts : parvenir, à force de travail, à retirer son enfant de l'hospice et le garder auprès d'elle.

Cette considération toute-puissante fut seule capable de lui faire quitter ses maîtres pour suivre Dumollard.

Les deux sœurs gardèrent un instant le silence.

— Si tu attendais, reprit enfin Joséphine, tu trouverais peut-être à te placer ici, avec les mêmes avantages, et nous ne nous séparerions pas.

— Il y a si longtemps que je cherche.

— Prends patience encore quelque temps.

Eulalie était plongée dans une rêverie profonde.

— Mon pauvre Louis !... murmurait-elle, je l'ai vu hier, si tu savais comme il est beau !...

Dumollard contemplait cette scène en silence. Assis à l'extrémité opposée, il faisait rouler son chapeau entre ses doigts avec un air de parfaite bonhomie.

— Il le faut ! je partirai... s'écria Eulalie.

— C'est donc résolu?

— Oui. Songe donc que là où je vais, à la campagne, je ferai des économies impossibles à la ville. Quand on m'offrirait ici un gage égal, j'aurais tout avantage à suivre cet homme.

Joséphine finit par se rendre. Elle se tourna alors du côté de Martin.

— Vous devez avoir besoin de vous rafraîchir? demanda-t-elle.

— Ce n'est pas de refus, répliqua Dumollard ; je vous avouerai que depuis ce matin à neuf heures, je n'ai rien pris.

La sœur d'Eulalie se leva et dressa le couvert sur le coin d'une table. Du pain, du vin, du jambon et du fromage composaient le menu.

Martin se mit en devoir de faire honneur à ce festin.

— Ainsi, c'est convenu ? fit-il.

— Oui, répondit Eulalie, dans huit jours; je vais donner congé ce soir même.

— Il faudrait nous donner votre adresse exacte, fit observer Joséphine.

— Inutile, répondit Dumollard.

— Mais cependant?...

— Le 26, je suis précisément obligé de revenir pour

affaire ; que votre sœur se tienne prête, je l'emmè-
nerai.

La huitaine écoulée, Martin arriva en effet, à l'heure
dite, comme il l'avait promis.

Eulalie Bussod était en train de ranger ses hardes dans
une caisse en bois blanc toute neuve. Joséphine offrit de
nouveau au maître de sa sœur de se restaurer, ce qu'il
accepta.

Pendant qu'il mangeait, entra Mariette Allemand, ouvrière en soie. Elle remit à Eulalie douze francs de la
part de Françoise Bussod, son autre sœur.

La future servante du fauve sortit de sa poche un
porte-monnaie qui paraissait passablement garni, dans
lequel elle enferma cette modeste somme.

Dumollard suivait tous ses mouvements du coin de
l'œil.

— Ah ! mon Dieu ! dit tout à coup Joséphine, j'ai oublié de vous donner un couteau.

— Ça ne fait rien.

— Vous en avez un ?

— Non. Je ne porte ni couteau ni bâton ni aucune
arme; et pourtant il ne m'est jamais rien arrivé.

Le ton de Martin ne permettait pas de douter de sa
franchise.

— Allons, reprit-il en s'adressant à Joséphine, venez
trinquer avec moi, en attendant que vous veniez boire le
vin blanc chez nous.

Les deux sœurs se rendirent à cette invitation.

— Vous me laisserez bien voir Eulalie, dit Joséphine, car le temps *va bien me durer.*

— Sans doute: à la morte saison vous viendrez tant que vous voudrez.

— J'arriverai de temps en temps le dimanche.

— Nous vous verrons toujours avec plaisir.

— C'est que, voyez-vous, nous nous aimons beaucoup dans la famille.

— Cela prouve votre bon cœur. Et tenez je veux absolument que vous veniez à la *vogue* (fête) de chez nous.

— Nous n'avons pas trop le cœur à la joie; et puis, on dépense beaucoup à courir ainsi !...

— J'entends payer votre voyage, vous entendez. Je ne veux pas que ça vous coûte un sou.

— Oh ! quant à cela, fit Joséphine, nous nous arrangerons bien.

— Non, non ! insista Dumollard, il faut que vous me promettiez formellement.

— Eh bien ! c'est dit !

— A la bonne heure. J'aime les personnes qui ont le cœur sur la main, moi : je crois que je serai content de votre sœur, et qu'elle sera satisfaite de moi.

— Tant mieux !

— Mais, ajoute Dumollard en consultant *sa montre en argent,* nous n'avons pas trop de temps à perdre, si nous voulons arriver pour le train.

— En effet, dit Eulalie.

— Allons, adieu ! fit tristement Joséphine.

Les deux sœurs s'embrassèrent longuement.
Elles ne devaient plus se revoir.

Marie-Anne Dumollard.

A sept heures, Dumollard et sa servante prenaient le
chemin de fer à la gare des Brotteaux.

Ils descendirent à Montluel.

Martin chargea sur ses épaules la caisse d'Eulalie, et s'engagea avec elle dans un sentier se dirigeant vers le bois des Communes.

Le chemin de desserte, qu'il suivait avec sa compagne, était encaissé entre deux haies hautes et touffues. La nuit était sombre.

Au bas de la montée qui conduit au sommet du plateau que couronne le bois, Dumollard déclara que la malle le fatiguait horriblement, lui meurtrissait l'épaule ; avec l'assentiment d'Eulalie, il la déposa derrière un buisson.

— Demain nous viendrons la reprendre, dit-il.

Ils continuèrent à gravir la rampe.

A neuf heures ils se trouvaient en plein bois.

Depuis un moment, Martin affectait une boiterie de la jambe gauche, et restait souvent en arrière. Dans une de ces haltes, il ramassa un caillou deux fois gros comme le poing, rond et poli, qu'il cacha derrière son dos.

Le sentier allait se rétrécissant, bordé de chaque côté d'épais fourrés.

Eulalie marchait devant.

Soudain elle reçut, sur le derrière de la tête, un violent coup de poing, asséné avec une vigueur extraordinaire.

Elle tomba, la face contre terre, en poussant un faible cri. Dumollard la saisit par les pieds, et la traîna dans le taillis.

Là, il lui porta deux nouveaux coups, tenant son caillou de la main qui frappait.

L'anéantissement de la victime était tel, qu'elle ne laissa même pas échapper un gémissement.

Le monstre, après avoir enlevé le porte-monnaie de la poche de la malheureuse, lui arracha ses boucles d'oreilles, sans prendre la peine de les dénouer, déchirant la chair, pour aller plus vite.

Cela fait, il la dépouilla.

Un à un, tous les vêtements disparurent.

Quand la brute cynique se trouva en présence de ce corps de femme complétement nu, le vertige le prit.

Il se rua sur elle, ivre de passion furieuse.

Il souilla, l'infâme, cette mère infortunée.

Il pollua la morte !...

Puis, ayant assouvi sa lubricité, il réunit son butin; et s'élança, affolé, comme un sanglier poursuivi par une meute hurlante, bondissant à travers les halliers, dans la direction de Dagneux.

. . . .

Une heure après, il était de retour, une bêche sur l'épaule.

Le cadavre gisait immobile à la même place.

Dumollard se mit à creuser la terre, à la lueur d'une lanterne fumeuse, dont les pâles rayons jetaient sur cette scène lugubre une sinistre clarté.

Quand la fosse fut prête, il s'approcha du corps inanimé d'Eulalie Bussod, le saisit par un bras pour l'entraîner vers la tombe.

Tout à coup il s'arrêta ; ses cheveux se hérissèrent.

Le fauve poussa un hurlement de terreur.

La morte avait remué ; ses yeux venaient de s'entr'ouvrir ; sa poitrine s'était soulevée ; une plainte imperceptible, semblable au vagissement d'un enfant, avait glissé sur ses lèvres.

Dumollard, stupide d'épouvante, demeura immobile, la bouche béante, les yeux horriblement ouverts, la face horripilée, muet, effaré, violemment secoué par un tremblement nerveux.

Eulalie n'avait été qu'assommée. Anéantie par les coups qu'elle avait reçus, elle était tombée dans un long évanouissement, une syncope présentant tous les symptômes de la mort.

Le froid piquant de la nuit l'avait peu à peu tirée de sa léthargie.

Une pierre pointue qui avait déchirée ses chairs, pendant que son meurtrier la traînait vers la fosse, avait achevé de la rappeler à la vie.

Ses idées furent plus lentes à revenir. L'étourdissement dont elle sortait avait été tellement profond, la commotion avait été tellement forte, qu'elle était incapable de ressaisir le fil de ses pensées.

A la longue cependant, son cerveau reçut quelques vagues perceptions : confuses tout d'abord, elles finirent par s'éclaircir.

En même temps la douleur physique s'accentua.

La malheureuse frissonna sous cette température inclémente, ses dents s'entre-choquèrent avec bruit.

Le sang, violemment fouetté, s'élança dans les artères, portant partout le mouvement, l'activité.

Le jour se faisait dans l'esprit d'Eulalie Bussod ; tout s'élucidait. La réalité, l'épouvantable réalité lui apparut subitement dans toute sa hideuse nudité.

— Oh !... fit-elle en bondissant sur elle-même.

Cette exclamation, dont l'accent ne saurait être fidèlement rendu, tira Dumollard de l'hébétement atone qui l'avait paralysé quelques instants.

Il comprit enfin, et leva sa bèche.

— Ce n'est donc pas fini !... hurla-t-il.

Eulalie, rampant sur ses genoux, était arrivée jusqu'à son meurtrier. L'instrument de mort effleura le pied de la malheureuse, trop rapprochée de Martin pour que le coup pût l'atteindre ailleurs.

— Grâce !... Grâce !... s'écria-t-elle d'une voix déchirante en embrassant les jambes de l'assassin.

— Arrière !... cria Martin.

— Ne me tuez pas !... Ne me tuez pas ! répétait la victime.

Par un effort désespéré, elle étreignit si vigoureusement les genoux de Dumollard, qu'il perdit l'équilibre et tomba à la renverse.

Cette chute ralluma la fureur du fauve. En se débattant pour se dégager, son soulier ferré frappa Eulalie en pleine poitrine.

— Pitié !... Grâ... â... ce !...

L'horreur d'une pareille scène est impossible à décrire.

Martin se releva.

Devant lui, la malheureuse jeune fille, absolument nue, accroupie sur ses mains, râlait et pleurait, l'implorant, le suppliant avec des sanglots étouffés.

Impassible, il la contemplait.

Sa lèvre tordue grimaçait un ricanement féroce.

Il sentait bien qu'il n'avait plus rien à craindre.

Il voulut savourer cette agonie.

Les forces d'Eulalie Bussod, un instant surexcitées, surmenées, allaient s'affaiblissant par degrés. Ses cris, ses supplications devenaient moins aigus, moins distincts.

Bientôt le gémissement devint soupir.... la gorge desséchée de l'infortunée se contracta, laissant échapper un nom à peine formulé.

— Lou... is !... Lou... is !...

Adieu suprême à l'orphelin désormais seul sur la terre.

Puis le silence.

L'assassin, alors, fit rouler le corps jusque dans la fosse, en le poussant du pied, le recouvrit de terre, et reprit le chemin de Molard.

. . . .

Peu de mois après, la justice faisait opérer des fouilles dans le bois des Communes.

Deux médecins, les docteurs Montavin et Thiébault assistaient à ces lugubres recherches.

On retrouva le corps d'Eulalie Bussod.

Voici les dépositions des deux experts. (*Droit*, audience du 30 janvier 1862.)

« Quant au cadavre du bois des Communes, dit le docteur Montavin, il était beaucoup plus récemment inhumé.

» L'état de conservation était bon ; le corps mesurait un mètre soixante-douze centimètres ; c'était le corps d'une femme grande, très-bien constituée.

» On distinguait encore parfaitement la nuance de ses cheveux, qui conservaient même encore une dent de peigne. Les attaches des os et l'état dentaire accusaient vingt-cinq ans environ.

» Deux contusions, du côté droit du pariétal, intéressaient seulement le cuir chevelu. Les oreilles étaient déchirées.

» A l'ouverture de l'intérieur du crâne, s'est écoulée de la matière cérébrale en bouillie et brune comme du chocolat.

» Pas de fracture sur aucun des membres. Les mains se croisaient sur l'abdomen ; la jambe droite était étendue en dehors, la jambe gauche légèrement infléchie.

» La main crispée serrait une poignée de terre.

» Pour arriver à une conclusion sur le genre de mort, il est présumable, en l'absence de fracture importante, que la mort n'a pas été immédiate. Il est permis de penser que la victime a dû survivre à son enterrement.

» Cette opinion se corrobore par l'argile retenue par une crispation de la main. »

En ce qui concerne le cadavre d'Eulalie Bussod, les suppositions, émises avec réserve par le docteur Montavin font place, chez le docteur Thiébault, à des affirmations très-formelles.

« Pour lui, il ne doute pas que cette malheureuse n'ait été enterrée vivante.

» Il ne tire pas seulement cette induction de l'absence de fractures et de lésions importantes, mais même et surtout de la position de la main de la fille Bussod, main qui se trouvait ramenée sur l'abdomen et qui étreignait, par *un mouvement crispé et convulsif*, une quantité d'argile qui s'était *comme moulée dans sa main*. »

Interpellé de nouveau par Me Lardière, avocat de Dumollard, le docteur Thiébault répond :

« Sans doute, je n'ai pas la prétention de représenter la science ni même de parler en son nom. J'explique les faits que j'ai constatés ; et comment j'ai été amené à conclure, non pas rigoureusement, mais du moins avec beaucoup de vraisemblance, un fait que j'indique.

» La victime était en puissance de contraction lorsqu'elle a saisi cette terre ; et ici, je n'ai pas à rechercher d'où vient cette terre.

» Elle vivait donc, et n'a pas cessé de vivre, jusqu'au moment où elle a été ensevelie : autrement, la distension des nerfs qu'amène la mort, n'eût pas permis à la main de conserver la terre qu'elle tenait. »

Aucun doute n'est possible. Eulalie Bussod, évanouie une seconde fois, a été ENTERRÉE VIVANTE !...

Dumollard, lui, pendant que sa victime se réveillait au fond d'une tombe, pour expirer dans d'horribles convulsions, supputait le produit de son crime, et se préparait à de nouvelles expéditions.

Mais l'heure du châtiment avançait à grands pas.

XI

LE LACET

Nous voici enfin arrivés à la dernière étape.

Marie Pichon, par son énergie, devait provoquer l'arrestation de Dumollard, de ce bandit, qui, depuis longtemps, désolait la contrée avec une si audacieuse scélératesse.

Marie Pichon, veuve Berlin, âgée de vingt-sept ans, était placée à Lyon, comme domestique, chez les époux Devaux.

Le 26 mai 1861, elle traversait le pont de la Guillotière, portant à la main un carton, un panier, un parapluie.

Elle se retourna tout à coup.

Un inconnu la tirait par sa jupe :

— Mam'zelle ! mam'zelle !... criait-il (1).

____

(1) Nous nous serions abstenus de reproduire ces détails, s'ils n'étaient absolument authentiques.

— Qu'y a-t-il pour votre service ?

— Vous ne connaîtriez pas des domestiques ?

— Dam ! il faut aller aux Blandines pour cela.

— J'en viens, il n'y en a pas une qui me convienne.

Le regard de l'inconnu s'arrêta sur une chaîne d'or, un aseron, que Marie portait à son cou.

— Si vous étiez pour vous placer ? demanda-t-il.

— Eh bien ?

— J'aurais probablement votre affaire.

— Vous ?

— Je suis jardinier dans un château près de Ballan ; madame m'a envoyé pour lui ramener une domestique.

— Quelle est cette dame ?

— Madame Girard.

— Elle est âgée ?

— Elle a plus de soixante ans.

— Quel est le gage ?

— Deux cent cinquante francs par an.

Marie Pichon fit un geste d'étonnement.

— Oh ! la place est très-bonne ! reprit l'inconnu.

— Que faut-il faire ?

— Presque rien. Soigner deux vaches et une génisse, ravauder le linge, accompagner madame...

— Ce n'est pas très-difficile.

— Mais !... se hâta d'ajouter le jardinier de madame Girard, je dois vous prévenir d'une chose.

— Laquelle ?

— Il faudra aller à la messe.

— Votre maîtresse est donc dévote ?

— Très-dévote.

— A-t-elle des enfants ?

— Trois.

— C'est beaucoup.

— Ils ne sont pas gênants, ils sont tous grands. Deux seulement habitent le château. L'aînée des demoiselles est mariée.

— Ah !

— Oui ; et chaque fois qu'elle vient, il y a beaucoup d'étrennes pour la bonne, sur le coin de la cheminée.

Marie Pichon réfléchit un instant.

— Vous ne répondez pas, reprit l'inconnu ; voyons, cela vous convient-il ?

— Mais, cela ne me déplairait pas.

— Il faudrait partir aujourd'hui même.

— Immédiatement ?

— Oui. La servante actuelle part ce soir.

— Pourquoi quitte-t-elle une condition si avantageuse.

— Ah ! voilà !... C'est qu'elle se marie. C'est moi qu'elle devait épouser d'abord ; mais elle a trouvé mieux à Trévoux.

La bonhomie, la franchise qui accompagnaient ces dernières paroles coupèrent court aux hésitations de Marie.

— C'est dit !... répondit-elle.

— Alors vous êtes libre ?

— Oui, depuis hier.

— Vous avez une malle ?

— Oui. Je l'ai donnée à garder à un de mes *pays*.

— Il faut aller la chercher ; et nous partirons.

Marie Pichon, ayant consenti, conduisit le prétendu jardinier chez Antoine Renard, chef d'atelier. Ce dernier, sur la demande de Marie Pichon, lui remit sa malle.

Un commissionnaire fut appelé, et la porta à la gare des Brotteaux.

Comme le train ne partait pas immédiatement, Marie Pichon et son guide entrèrent dans un cabaret et dînèrent.

La servante paya le repas et les billets de chemin de fer. A la nuit tombante, elle débarquait avec le jardinier à la station de Montluel.

Nos lecteurs ont deviné que cet inconnu n'était autre que Dumollard.

Martin, à la gare, se dissimula le plus possible au milieu des groupes, évitant avec soin d'être dévisagé par les employés.

Il paraissait agité, inquiet.

Un pressentiment peut-être !...

Il laissa Marie réclamer sa malle ; puis il l'enleva, la chargea sur son dos.

— Nous allons prendre les chemins de traverse, dit-il, nous arriverons plus vite.

— Comme vous voudrez.

Les sentiers suivis par Dumollard conduisaient à Bal-

lan, petite commune du canton de Montluel, par les pla-
teaux dévastés, les solitudes incultes et boisées de Côte-
Enverse.

La servante portait un carton et un parapluie, et cheminait lestement à côté de Martin, dont le pas était
alourdi par le poids de la malle.

Tous deux gardaient le silence.

Au bas de la côte, comme ils passaient à côté d'un
champ de colza, séparé du chemin par une petite haie
d'aubépine, Dumollard s'arrêta en soufflant bruyam-
ment.

— Je n'en puis plus, dit-il en déposant son fardeau.

— Elle est lourde, en effet, reposez-vous un instant.

— Inutile ! je sens que je ne pourrai jamais gravir la
montée avec une pareille charge.

— Comment faire, alors ?

— C'est bien simple : nous allons laisser la malle dans
ce champ, derrière la haie.

— Si on la volait ?...

— Pas de danger. Il fait nuit, personne ne nous voit.
Demain matin, de bonne heure, je viendrai la chercher
avec la voiture du château.

Marie Pichon, voyant qu'il n'y avait pas d'autre parti à
prendre, se résigna.

Dégagé de l'embarras qui paralysait ses mouvements,
Martin se remit en marche à côté de la servante, sombre,
taciturne.

Celle-ci commençait à s'effrayer de l'obscurité croissante, de son isolement dans un pays presque désert, avec un homme qu'elle connaissait à peine.

Les allures de Dumollard n'étaient pas faites pour la rassurer.

Il s'arrêtait de temps en temps et restait en arrière. Une fois, Marie, tournant la tête, le vit ramasser des pierres.

— Qu'avez-vous donc ? fit-elle un peu émue.

— Moi ?... rien. Je rattache les cordons de mes souliers.

Quelques pas plus loin, le faux jardinier entra dans une vigne, essaya d'arracher un échalas, mais ne put y parvenir.

Le chemin s'encaissait de plus en plus ; les craintes de Marie grandissaient. Elle surveillait avec soin son guide, dont les mains s'agitaient sous la blouse qui les cachait, travaillant à quelque ouvrage qu'elle ne pouvait apprécier.

Intriguée par ce manége, mais n'osant dévoiler toute sa pensée, elle s'arrêta.

— Avez-vous perdu quelque chose ? demanda-t-elle doucement à Martin.

— Non, répondit brusquement celui-ci.

— Que cherchez-vous donc ?

— Rien.

Ces deux monosyllabes, le ton dont ils furent prononcés glacèrent d'effroi la pauvre servante.

— C'est un couteau que vous cherchez !... s'écria-t-elle avec angoisse.

Dumollard poussa un effroyable cri, un hurlement épouvantable, et s'élança sur Marie Pichon, les deux bras étendus.

La malheureuse vit luire, à travers les ténèbres, une corde menue, retorse, terminée par un nœud coulant.

Au même instant, elle sentit le lacet tomber sur ses épaules.

Sa tête était prise. D'un seul mouvement Martin pouvait l'étrangler.

Marie comprit le danger.

Avec une prestesse de chatte, un admirable sang-froid, elle bondit sur Martin, lui saisit les poignets avec une vigueur décuplée par le péril, se courba vivement, dégagea sa tête par un brusque mouvement ; et s'enfuit à toutes jambes, abandonnant son carton et son parapluie qu'elle avait laissé échapper dans la lutte.

Dumollard s'élança à sa poursuite.

La servante appelait au secours, courant vers une lumière qu'elle voyait briller au loin dans la direction de Ballan.

Dans sa précipitation, elle se heurta contre une grosse pierre et tomba.

— Je suis perdue ! s'écria-t-elle. A l'assassin !...

Martin n'était plus qu'à quelques pas.

Rassemblant ce qui lui restait de forces, Marie se relève, et reprend sa course vers le chemin de fer.

Elle brise les clôtures, et se trouve enfin sur la voie.

Là, elle se hasarde à regarder derrière elle.

Dumollard avait disparu.

Bientôt, elle rencontre un homme qui rentrait chez lui avec une voiture.

Elle lui raconte son histoire.

Celui-ci la conduit au garde de Ballan, qui s'empresse de descendre avec elle à Montluel à la caserne de gendarmerie.

Le brigadier se transporte aussitôt à l'endroit où la malle avait été déposée.

On ne trouva rien. Malle, carton, parapluie, tout avait été enlevé.

XII

UN GARDE CHAMPÊTRE INTELLIGENT

Le récit de cet odieux guet-apens se répandit dans tout le pays, et y sema l'anxiété la plus vive.

La tentative dirigée contre Marie Pichon rappelait à la mémoire de tous un grand nombre d'attentats de même nature, impunément consommés ou tentés, depuis plusieurs années, dans les localités voisines, avec des circonstances et par des moyens identiques.

« La condition commune des victimes, qui toutes appartenaient à la classe des domestiques, la similitude des manœuvres à l'aide desquelles elles avaient été entraînées, l'invariable conformité des signalements du

Grâce !... grâce !... s'écria-t-elle d'une voix déchirante.

coupable, qui se retrouvait toujours dépeint avec les mêmes vêtements, la même démarche, la même taille, la même difformité à la lèvre supérieure, tout démontrait que la tentative, à laquelle Marie Pichon venait d'échapper providentiellement, n'était que la continuation d'une série de crimes devenus, pour leur auteur, une véritable industrie (1). »

L'émotion publique excita le zèle de la police.

Immédiatement après la déposition de la servante, la surveillance la plus minutieuse avait été exercée dans tout le canton de Montluel.

Les objets volés à Marie furent l'objet des recherches les plus actives.

Leur disparition, peu d'instants après le crime, semblait indiquer que la retraite du malfaiteur n'était pas éloignée.

L'itinéraire suivi par lui, au milieu de la nuit, révélait une parfaite connaissance des lieux.

L'assassin, dont le signalement fut envoyé à tous les maires, se trouvait forcément enfermé dans un cercle de précautions circonscrites dans une région déterminée.

Il ne pouvait échapper.

Peu de jours après, le brigadier de Montluel, revenant de faire sa tournée, rencontra François Maule, garde champêtre de Dagneux.

(1) Extrait de l'acte d'accusation.

Stimulé par son chef, Louis Tripart, maréchal des logis, le brigadier ne laissait échapper aucune occasion de recueillir quelques indices propres à le mettre sur les traces du coupable.

— Eh bien ! quoi de nouveau ? demanda-t-il au garde.

— Rien : nous sommes bien tranquilles à Dagneux.

— On vous a parlé de la fille qui a failli être assassinée dans les bois de Ballan.

— Parbleu ! On ne jase que de cela dans tout le village.

— Vous avez le signalement.

— Oui.

— Vous savez que c'est un homme qui a de grosses lèvres.

— Le maire me l'a dit.

— La supérieure est fendue... Voyons, vous ne connaissez personne capable de cela, et dont le signalement concorde avec ces indications ?

— Non... je ne crois pas.

François Maule acheva sa phrase lentement, comme quelqu'un qui réfléchit.

— Cherchez donc.... reprit le brigadier, je sais qu'on attache beaucoup d'importance à cette capture.

Le gendarme rendit la main à son cheval et se remit en marche.

Le garde champêtre reprit le chemin de Dagneux.

Quand il traversa Molard, il aperçut Martin sur le pas

de sa porte, mangeant un morceau de pain avec du fromage de chèvre.

Cette vue le frappa. Il remarqua la difformité de sa lèvre, à laquelle, jusqu'à ce jour, il avait fait peu d'attention.

A l'autre extrémité du hameau, il rencontra la femme Joly et s'arrêta un instant avec elle.

Naturellement, l'entretien tomba sur l'attentat qui était la grande préoccupation du moment.

Pendant qu'ils causaient, Dumollard passa devant eux, se dirigeant vers Montluel. Il avait une blouse propre, un bâton à la main, un chapeau neuf, et marchait rapidement.

— Où va-t-il donc ainsi, à cette heure ?... demanda le garde champêtre.

— Est-ce qu'on peut savoir ?... dit la femme Joly. Il part à toute heure, et reste longtemps absent.

— Vraiment !...

— Personne ne sait comment il vit.

— Il ne travaille donc pas ?

— Il y a bien longtemps qu'il ne va plus à la journée par ici.

— C'est drôle ! reprit François, après un court silence, et comme se parlant à lui-même.

— Sans compter qu'il a déjà été condamné deux fois pour vol.

— C'est juste.

— Et tenez !... insista la femme, je ne serais pas étonnée que ce fût lui qui ait fait le coup.

François Maule, tout pensif, quitta la commune. Au lieu de prendre le chemin de Dagneux, il remonta vers le haut de Molard, et frappa à la porte de Martin.

Marie-Anne vint ouvrir : à la vue du garde, elle tressaillit imperceptiblement.

— Votre mari n'y est pas ?... demanda François.

— Il vient de partir.

— J'aurais eu besoin de lui parler ; mais vous pouvez me répondre aussi bien que lui.

— De quoi s'agit-il ?

— Je suis chargé par monsieur le juge de paix....

Il s'arrêta, pour observer l'effet de ce nom sur la femme de Martin.

Marie-Anne ne sourcilla pas.

— Je suis chargé de savoir où était votre homme dans la journée du 26 de ce mois.

La rusée femelle feignit de réfléchir un instant.

— Ah ! je sais. Justement, ce n'est pas difficile à dire ; nous avons passé toute la journée à sarcler notre vigne.

— Tous les deux?

— Et tenez ! voyez-vous là, dans ce coin, les vieilles souches que nous avons arrachées ?

— Et le soir?...

— Nous sommes rentrés vers sept heures, nous avons soupé, et nous nous sommes couchés.

François Maule se retira : les explications de Marie-Anne ne l'avaient qu'à moitié satisfait.

Toute la nuit, il songea.

Le lendemain, il remonta à Molard, où il rencontra la femme Canizieux.

— Savez-vous, lui demanda-t-il, s'il est vrai que votre voisin Rémond ait passé à sa vigne toute la journée du 26?

La femme allait répondre, lorsque le garde l'interrompit tout à coup, et s'écria d'une voix haute et menaçante :

— Arrangez-vous, je n'y puis rien ; vous n'avez que trois jours pour payer.

François Maule avait aperçu Marie-Anne qui s'approchait à pas de loup.

Sur un signe, la mère Canizieux entra dans le rôle indiqué par le garde.

— Que voulez-vous que je fasse, mon Dieu ? dit-elle; il me faudrait au moins quinze jours pour me procurer cette somme...

La femme de Dumollard était déjà loin.

— Je ne crois pas, reprit alors la mère Canizieux à voix basse, que Rémond soit resté à Molard.

— Ah !

— Je l'ai vu partir le matin, avec ses beaux habits du dimanche. Il n'est pas probable qu'il ait été fouir dans ce costume.

François Maule passa toute la journée à questionner les voisins; et acquit la presque certitude de l'absence de Martin le 26.

Le jour suivant, de bonne heure, il vint de nouveau

frapper chez Dumollard ; ce dernier était absent. Comme la veille, Marie-Anne le reçut.

— Prenez garde, dit-il en entrant, vous faites des contes à la justice.

— Comment donc ?...

— Votre mari n'était pas ici le 26... Vous risquez d'en avoir pour dix ans.

— Que voulez-vous ?... répondit Marie-Anne, je vous ai dit la vérité. Vous m'écorcheriez que je ne pourrais parler autrement.

— Vous verrons bien, quand votre mari sera là. Doit-il bientôt rentrer?

— Il travaille à Montluel ; il reviendra ce soir.

Le garde allait se retirer et se dirigeait déjà vers la porte :

— A propos, demanda la femme Dumollard, est-il vrai qu'on ait trouvé des effets de cette femme assassinée à Trannoye ?

— Je n'en sais rien, répondit François Maule en s'arrêtant ; mais la justice saura bien les trouver.

— Comment ferait-elle ?

— Soyez tranquille, tout finit par se découvrir.

— Il y a si longtemps qu'elle est morte !...

— Ça ne fait rien.

— Comment saurait-on d'où elle est ?...

Cette préoccupation, étrange en un pareil moment, frappa le garde champêtre.

— Ne vous inquiétez pas, reprit-il, on arrêtera l'assassin, comme on arrêtera le voleur de Ballan, nous avons son *enseigne* (signalement).

Sur ces mots, il sortit.

Marie-Anne, inquiète, le suivit des yeux.

Le fusil sur l'épaule, le garde s'éloignait tranquillement.

Cette contenance rassura à moitié la femme de Dumollard.

— Il continue sa tournée !... murmura-t-elle, il ne sait rien; c'est égal, nous avons bien fait de brûler tous les effets de cette maudite fille.

Martin rentra dans la soirée ; Marie-Anne lui raconta ce qui s'était passé.

— Je n'ai pas peur, maintenant. Qu'ils aillent reconnaître les cendres du bois des Billottes, pour voir s'ils y trouvent les robes de cette péronnelle.

— Cependant... voulut observer sa femme.

— Il n'y a rien à craindre, te dis-je... Si jamais je la repince, celle-là ! ajouta-t-il avec un geste significatif.

XIII

L'INSTRUCTION

François Maule, se trouvant hors de la vue de Marie-Anne, changea brusquement de route.

Il s'élança à travers champs, avec toute la rapidité

possible, vers Montluel, se rendit chez le juge de paix et resta près de deux heures enfermé avec lui.

Au moment de quitter le magistrat, celui-ci lui dit :

— C'est bien convenu: vous allez coucher ici ; prévenez le maréchal des logis que demain il doit être prêt à cinq heures du matin avec quatre gendarmes. Vous viendrez me prendre ici.

A six heures, Dumollard fut réveillé en sursaut.

On frappait brutalement à sa porte.

— Ouvrez, au nom de la loi !

Marie-Anne tremblait de tous ses membres. Martin sauta hors de son lit, et courut à la porte.

Le juge de paix entra avec le garde champêtre et le maréchal des logis. Deux gendarmes se placèrent au dedans de la porte, deux autres gardèrent les autres ouvertures.

— Vous vous appelez Martin Dumollard ?

— Oui, monsieur.

— Vous êtes inculpé d'avoir, dans la soirée du 26, volé une fille sur le chemin de Ballan.

— Oh ! fit Dumollard avec cynisme, il faudrait des preuves !

— Vous niez ?...

— Vous voudriez que j'avoue une chose que je n'ai pas faite !

— Pouvez-vous me dire où vous avez passé la soirée du 26 de ce mois ?

— Toute la journée j'ai travaillé à ma vigne, le soir je me suis couché.

— Ceci est contredit par tous vos voisins.

— Ils se trompent.

— Où alliez-vous le matin, avec vos habits du dimanche ?

Martin, malgré son assurance, se troubla visiblement, il hésita un instant.

— Je vous l'ai dit, à ma vigne.

— Il n'est pas admissible qu'un homme comme vous aille au travail ainsi vêtu.

— Je m'habille comme je veux.

— Vous refusez de dire où vous alliez ?

— Je ne puis répondre que ce que j'ai déjà déclaré.

Le juge de paix se tourna brusquement vers Marie-Anne, qui, cachée derrière le rideau du lit, avait passé une camisole, un jupon, et venait de faire son apparition au milieu de la chambre.

— Vous devez savoir, vous, où se rendait votre mari ? dit-il à brûle pourpoint.

Interloquée, la femme de Dumollard, resta immobile et muette.

— Au surplus, ajouta sévèrement le juge, vos aveux sont inutiles. Tenez, voici les déclarations de plusieurs personnes qui vous ont vu à Lyon dans la journée du 26.

Dumollard jeta sur les papiers qui lui étaient présentés un regard stupide.

— Il ne sait pas lire, dit le garde champêtre ; pas plus que sa femme.

— Tiens ; mais d'où proviennent ces livres que je vois là, sur cette commode ?

— Je les ai achetés, dit Dumollard.

— Achetés !... Pour quoi faire ?

— C'est une manie qu'il a comme cela !... répondit vivement Marie-Anne ; pour faire croire qu'il a été à l'école.

— Tout cela est fort obscur, reprit le juge. Vous allez nous suivre ; vous vous expliquerez avec le procureur impérial de Trévoux.

— Arrêté !... s'écria Martin, d'une voix où perçait son effroi.

— Oui, arrêté ; à moins que vous ne me donniez une explication plausible et satisfaisante de vos actes, explication que je vous ai déjà demandée plusieurs fois.

De nouveau Rémond resta muet.

— Allons, dit le juge, partons !...

Quelques minutes après, Dumollard, escorté par la gendarmerie, prenait la route de Montluel. De là, dans la même journée, il fut conduit dans la maison d'arrêt de Trévoux.

Dans la soirée, il fut confronté avec Marie Pichon, qui le reconnut aussitôt.

Cette reconnaissance fut le fil conducteur qui guida la justice dans ses recherches.

Le surlendemain, 3 juin, une perquisition fut ordonnée au domicile des époux Dumollard

On y découvrit une innombrable quantité de vêtements, linge, hardes, malles, caisses, débris de dentelles
et effets de toute nature à l'usage des filles domestiques.

Parmi ces dépouilles, dont plusieurs paraissaient porter
des traces de sang, figuraient notamment des jarretières
de formes et de couleurs diverses, qui semblaient avoir
été arrachées à une dizaine de personnes différentes.

On y retrouva une pièce de toile de coton, qui fut re-
connue par Marie Pichon.

En outre, des robes, des mouchoirs, des lambeaux de
vêtements, signalés comme ayant appartenu aux victimes
d'assassinats précédemment signalés.

La lumière était faite.

La justice tenait enfin sous sa main le malfaiteur redoutable, dont on attendait la découverte comme une
délivrance.

Déjà la femme Dumollard, compromise par les contradictions et les mensonges de ses réponses, non moins
que par les efforts tentés par elle pour faire disparaître
certains objets suspects, avait été arrêtée.

Dumollard niait énergiquement.

Marie-Anne, interrogée sur la provenance des pièces
de conviction trouvées chez elle, déclara que son mari
lui avait dit les avoir achetées ; et qu'en femme soumise,
elle avait dû le croire.

Mais les preuves affluaient.

La photographie de Dumollard, tirée à un grand nombre d'exemplaires, fut répandue de tous les côtés.

Ses victimes arrivèrent successivement. Toutes le reconnurent.

Devant ces témoignages accablants, Marie-Anne, vaincue, obéissant au trouble de sa conscience, commença à faire quelques révélations.

Sur ses indications, on se transporte au bois de Montmain ; des fouilles laborieuses sont pratiquées dans la forêt ; on y découvre un squelette. Le crâne portait une fêlure étoilée qui constatait que cette femme avait été mortellement frappée.

Dumollard était présent.

Il commença par montrer une impassibilité extraordinaire, et nia que ce fût lui qui eût enterré ce cadavre.

— Mais avoue donc à ces messieurs ce que tu m'as dit ! s'écria Marie-Anne.

Martin invente alors les plus invraisemblables contes.

Le lendemain, 1er août, un autre cadavre est découvert dans le bois des Communes.

C'était celui d'Eulalie Bussod.

Cette scène fut terrible.

Les sœurs de l'infortunée, présentes à l'exhumation, poussèrent des cris déchirants.

Le fauve, froid, presque ironique, conserva son cynique sang-froid.

Désormais ses dénégations devenaient inutiles.

Joséphine Bussod et ses deux sœurs avaient reconnu l'homme qui avait emmené Eulalie ; plusieurs habillements de cette dernière avaient été retrouvés parmi les pièces saisies chez Dumollard ; des robes ayant appartenu à Marie Baday avaient été désignées par des personnes qui l'avaient connue ; toutes les victimes échappées des mains du monstre étaient unanimes, leurs dépositions étaient journellement corroborées par celles de leurs amis, témoins de leurs relations avec Dumollard.

Devant cette concordance terrible, celui-ci changea de système et inventa l'histoire des hommes barbus.

XIV

LES HOMMES BARBUS

Nous avons voulu réunir les tronçons de cette incroyable facétie, racontée par le fauve ; et sur le succès de laquelle il compta quelque temps.

Nous ne changerons pas un mot à son récit, nous contentant d'en disposer les lambeaux par ordre de dates, de manière à le rendre compréhensible pour le lecteur.

Laissons la parole à Dumollard.

« Au mois de décembre de l'année 1853, j'étais allé à Lyon pour mes affaires. En traversant la promenade du Cours Napoléon, je fus accosté par deux individus paraissant appartenir à la classe ouvrière, et dont la tenue m'inspira immédiatement une confiance illimitée.

» Le plus jeune paraissait avoir vingt-cinq à vingt-six

ans. Il était d'une taille moyenne, un peu gros; et portait une blouse bleue.

» Le second était plus âgé, vêtu d'un pantalon couleur noisette et d'un paletot de même couleur. Il était d'une taille plus élevée, il avait toute sa barbe.

» Pour lier conversation, ils me demandèrent ce que je faisais : je leur appris que j'habitais la commune de Dagneux, près de Montluel. Ils m'invitèrent à prendre un verre de vin avec eux.

» De là, ils m'entraînèrent vers le quai de la Saône. Après m'avoir adressé une multitude de questions sur ma situation, sur les bénéfices que je pouvais réaliser, ils me demandèrent si je ne voudrais pas travailler avec eux.

» Je voulus savoir en quoi consistait ce travail.

» Ils me répondirent :

» Oh ! c'est bien simple, nous emmenons des filles, et quand nous en avons joui, nous nous en débarrassons. Si vous voulez venir avec nous, nous vous assurons une somme de dix mille francs.

» Ces propositions me parurent trop avantageuses pour les refuser. Ils me donnèrent alors toutes les instructions dont j'avais besoin.

» Ils m'expliquèrent comment je devais m'y prendre. Il s'agissait tout simplement d'aborder les jeunes filles sans place, de leur offrir un bon gage à la campagne; et, si elles acceptaient, de les conduire hors de Lyon.

» A la suite de cette première entrevue, je me séparai d'eux, en leur promettant de revenir huit jours après.

» Au jour fixé, je les retrouvai à l'heure et à l'endroit indiqués ; ils me conduisirent aussitôt sur la place de la Charité ; ils me désignèrent une domestique qui passait, et m'invitèrent à l'accoster.

» Ma première tentative échoua.

» Ils me firent, quelques instants après, remarquer une deuxième fille qui suivait la même direction. J'allai franchement au devant d'elle. Je lui fis l'offre de deux cent cinquante francs de gages. Elle n'hésita pas et consentit à me suivre sur-le-champ. Elle était âgée d'une trentaine d'années, avait bonne façon. Elle me dit qu'elle avait fait des ménages, et qu'elle était actuellement sans place.

» Dès que mes deux compagnons virent que j'avais réussi, ils s'éloignèrent à grands pas pour aller m'attendre à Saint-Clair. C'est là que je devais leur livrer cette fille.

» En arrivant à la sortie du faubourg de Lyon, les deux individus vinrent à moi comme de vieilles connaissances. Je prétextai une commission que j'avais oubliée, et dis à cette fille :

» Ce sont deux de mes parents, marchez en avant avec eux ; je vous rejoindrai à Neyrous.

» Il était nuit.

» Cette fille suivit sans défiance ces deux inconnus ; et moi j'allai attendre leur retour à l'entrée du faubourg de Bresse.

Près de trois heures s'étaient écoulées, lorsqu'ils

revinrent, rapportant un petit paquet de linge qu'ils me remirent.

» En l'ouvrant, je reconnus les vêtements de la fille que j'avais amenée. La chemise et la robe étaient ensanglantées. Je leur demandai ce que la fille était devenue ; ils me répondirent :

« Oh ! la fille, tu ne veux pas la revoir ; emporte ce paquet, tu en feras cadeau à ta femme.

» Je ne leur demandai pas d'autres explications ; je m'éloignai en toute hâte. En passant près de la fontaine de Neyrous, je lavai les vêtements, qui étaient teints de sang, et la même nuit je rentrai à Dagneux.

» Je n'ai jamais su dans quel endroit précis ils avaient assassiné cette fille ; mais en établissant un calcul sur le temps qui s'était écoulé entre leur départ de Saint-Clair et leur retour, j'ai supposé qu'ils l'avaient tuée près du pont de Barry, et que, peut-être, ils avaient jeté son cadavre dans le Rhône.

» Une circonstance, que je ne dois pas omettre, me confirme dans cette opinion.

» Dans le courant de l'été qui suivit l'événement que je viens de raconter, je rencontrai par hasard les deux individus que je viens de signaler. Nous ne nous étions pas vus depuis le mois de décembre. Ils me proposèrent d'explorer les environs de Neyrous, de Montluel, et la partie supérieure du plateau de la Bresse. C'était une excursion de pur agrément qu'ils avaient projetée ; mais ils ajoutèrent que ma présence leur serait utile, pour leur faire connaître le pays, dans le cas où ils voudraient entraîner des filles dans cette direction.

» Je leur servis de conducteur; et je ne me rappelle pas positivement les lieux que je leur ai fait parcourir.

» Je me souviens seulement qu'en traversant le pont de Barry, qui est situé sur une gorge étroite et profonde sur la route impériale de Genève, ils me dirent :

» Nous en avons fait passer deux sous ce pont, nous les avons jetées dans le Rhône.

» Ils ne me parlèrent pas de celle de Saint-Clair.

» Je crus comprendre qu'il s'agissait de deux autres meurtres, accomplis antérieurement sans ma participation (1). »

— Ainsi, fait observer le président, d'après votre propre déclaration, vos acolytes auraient, de 1853 à 1855, jeté deux femmes dans le Rhône.

— A ma connaissance, il y en aurait au moins quatre, répond Dumollard; ils m'ont bien aussi parlé d'une autre qu'ils auraient précipitée du pont Morand.

Devant le cadavre trouvé au bois des Communes, Martin, fidèle à sa fable, fait le récit suivant :

« Pendant les deux années qui suivirent, je ne pris part à aucune nouvelle entreprise.

» A divers intervalles, je revis mes deux individus; ils me prièrent d'accepter plusieurs paquets de vête-

____

(1) Réponses de Dumollard devant le juge d'instruction, lues par le président des assises. (Audience du 30 janvier.)

ments et de linge de femme, dont ils me laissèrent igno-
rer l'origine.

» Tout ce que ma mémoire me rappelle, c'est qu'ils
me déclarèrent que, parmi ces effets, se trouvaient ceux
de deux filles qu'ils avaient précipitées dans le Rhône,
près du pont de Barry.

» Au mois de novembre ou de décembre 1856, — il y
a quatre ans à peu près, — je rencontrai sur le quai de
Perrache les deux mêmes malfaiteurs. Il faisait très-
froid.

» L'un d'eux me dit :

» Veux-tu faire un coup ? nous avons une fille.

» Je leur répondis que je voulais bien.

» Il est allé la chercher, et il l'a amenée à la gare de
Saint-Clair, où nous nous sommes trouvés tous réunis ; il
fut convenu que nous nous arrêterions à Montluel.

» En descendant de cette station, en compagnie de
cette fille, nous prîmes la direction de Dagneux.

» La nuit était très-noire, car nous étions arrivés par
le dernier train.

» Nous avions à peine fait quelques pas, que les deux
individus me dirent qu'ils voulaient détruire cette fille,
après qu'ils auraient assouvi sur elle tous leurs désirs.

» Comme ils ne connaissaient qu'imparfaitement le
pays, je leur servais de conducteur ; ils étaient impatients
d'exécuter leur projet.

» Le bois de Charzey, que nous longions en montant
la colline, leur parut propice. Je leur fis observer que ce

bois était trop rapproché du chemin public ; qu'il fallait aller plus loin, *où c'était plus sourd...*

» Nous continuâmes à gravir les pentes, et quand nous eûmes atteint un sentier de desserte qui conduit au bois de Montmain, je leur indiquai ce bois comme un endroit plus sûr et mieux approprié à leurs desseins.

» Ils s'engagèrent dans le taillis en entraînant la fille à leur suite. Je restai en dehors, ne voulant pas me rendre complice d'un pareils attentat....

» Quelques instants après, j'entendis un cri très-aigu.... puis plus rien.

» J'étais éloigné de trois cents mètres environ. J'attendis une heure ; enfin, les deux individus revinrent auprès de moi ; ils me rapportaient la montre en argent, celle qui a été saisie en ma possession, et les vêtements dont ils l'avaient dépouillée.

» Je leur dis que, de la place où j'étais, 'avais entendu un cri ; et je leur demandai si elle avait beaucoup souffert....

» Ils me répondirent :

» Nous ne lui avons donné qu'un seul coup sur la tête, un coup au côté : *ça fut fini.*

» Je ne tins pas à savoir s'ils l'avaient violée, le fait me paraissait certain, puisqu'ils m'avaient d'avance déclaré leurs intentions criminelles.

» Ils savaient que le cadavre de la fille de Trannoye avait été découvert par des chasseurs ; que la justice s'était émue : ils voulaient, par mesure de prudence, enterrer celle-ci. J'avais chez moi tous les instruments nécessaires; une distance de trois quarts d'heure me séparait de mon habitation. Je leur dis de m'attendre; et je retournai à Dagneux en accélérant le pas....

» Lorsque ma femme vit la montre en argent, la chemise et la robe qui étaient tachées de sang, elle me dit :

» Où as-tu pris ces objets ?

» Pensant que si j'accusais d'autres individus, elle ne me croirait pas, et comptant, du reste, sur sa discrétion, je lui répondis :

» C'est une fille que j'ai tuée au bois de Montmain : je vais la mettre en terre; tu auras soin de laver ces linges.

» Je repartis sur-le-champ, en emportant une bêche. Les deux individus prirent cet outil, et creusèrent une fosse peu profonde, dans laquelle ils jetèrent le corps tout nu de la jeune fille; je ne leur aidai pas et restai à l'écart.

» Je ne peux fournir aucun renseignement de nature à éclairer la justice sur l'identité de cette fille. Elle paraissait âgée de vingt-cinq à vingt-six ans; elle était petite, légèrement brune. Les deux individus m'ont dit qu'elle était en chambre, rue Mercière, je crois. »

Passant ensuite à l'histoire du cadavre devant lequel il se trouve, Dumollard continue :

« Vers la fin de février dernier, sans préciser la date, se place un événement auquel j'ai fatalement pris une large part : je veux parler de la fille Eulalie Bussod.

» J'étais seul quand je l'ai accostée sur la place qui touche au pont de la Guillotière. J'avais reconnu de suite, à ses allures incertaines, que c'était une fille dépourvue de maître, et je lui demandai si elle voulait servir comme domestique dans une maison à la campagne.

» Elle me répliqua que sa décision dépendrait du gage.

» Je lui fis l'offre de deux cents francs : elle en exigeait, je crois, deux cent dix. Je me montrai difficile sur cette concession de dix francs ; mais je continuai à la suivre. Elle m'invita à monter chez sa sœur, pour terminer le marché.

» Dès que sa sœur sut de quoi il s'agissait, elle s'empressa de m'offrir des rafraîchissements. Je parus sensible à ses prévenances, et je consentis à donner les deux cent dix francs.

» Mon intention était de l'emmener sur-le-champ ; mais elle n'avait pas donné congé : une huitaine lui était nécessaire. Je n'insistai pas, je lui dis que c'était entendu, qu'elle eût à préparer ses paquets, et que dans huit jours je viendrais la prendre chez sa sœur.

» En quittant ces femmes, je retournai à Saint-Clair pour y prendre le chemin de fer, et aussi un peu dans l'espoir de rencontrer mes deux affidés dans le faubourg de Bresse, qu'ils visitaient assez fréquemment. En effet, je les trouvai dans une auberge.

» En les apercevant, j'allai à eux et leur dis d'une voix confidentielle :

» J'ai une fille, revenez ici dans huit jours ; je vous

l'amènerai ; vous irez m'attendre à midi à la gare des Brotteaux....

» A l'expiration de la huitaine, j'arrivai par le chemin de fer de Genève, et je retrouvai mes deux individus exacts au rendez-vous. Nous entrâmes dans une auberge pour causer de l'affaire.

» Il fut convenu que nous prendrions un convoi de nuit ; nous devions nous trouver tous réunis au train qui partait alors de la gare des Brotteaux à sept heures et demie du soir.

» Je leur serrai la main en leur disant au revoir ; et, à deux heures de l'après-midi, je me trouvai, pour la deuxième fois, quai de la Charité, dans une chambre qu'occupait la sœur d'Eulalie Bussod.

» Elle venait d'arriver.

» Elle acheva de mettre en ordre une malle remplie de linge, d'effets, me la confia, embrassa sa sœur, et me suivit avec la plus aveugle sécurité.

» J'allai à la gare des Brotteaux, où je déposai sa malle ; et je revins à Lyon, toujours accompagné de la fille Bussod.

» Elle aimait à voir les magasins et les promenades ; et je ne trouvai rien de mieux à faire, pour passer le temps, que de lui faire parcourir les différents quartiers de la ville.

» A sept heures et demie, nous étions de retour à la station des Brotteaux. Ces deux individus dont j'ai parlé vinrent se placer dans le même wagon que nous.

» Ils m'adressèrent la parole; je les présentai à Eulalie Bussod comme des compatriotes qui feraient route avec nous en sortant du chemin de fer.

» La pauvre fille ne se doutait de rien.

» Elle crut tout ce que je lui disais.

» Nous descendîmes à Montluel. La nuit était très-sombre ; mes deux camarades ne connaissant pas suffisamment les lieux, je marchais en avant pour les guider, portant la malle sur mes épaules.

» En route, l'un d'eux s'approcha de moi et me dit :

» Oh ! la belle femme ! Quel plaisir nous allons avoir ! Tu viendras bien avec nous, ajourd'hui ?

» Le bois des Communes, qui est situé sur un plateau retiré, me sembla le lieu le mieux choisi. Je les engageai dans cette direction, en suivant un chemin de desserte qui passe près de la croix Martel.

» Au bas de la montée, j'avais jeté la malle derrière un buisson ; elle devenait lourde et embarrassante, et je donnai l'assurance à la fille Bussod que le lendemain je reviendrais la chercher. Nous fîmes un instant de halte à la croix Martel.

» Le courage me manquait : je dis tout bas à ces deux individus que je ne pouvais pas les suivre.

» Je leur indiquai du doigt le bois des Communes qui s'étendait à notre gauche. Je m'assis sur les marches de pierre qui forment le socle de la croix, et j'attendis.

» Leur absence dura deux heures. La fille Bussod ne

revenant pas avec eux, je leur communiquai mes inquié-
tudes.

» Ils me montrèrent ses vêtements et une paire de
boucles d'oreille en or enveloppées dans un mouchoir.
Ils me remirent tous ces objets en ajoutant :

» Tu donneras cela à ta femme.

» Je les remerciai et j'acceptai.

» Je les questionnai sur les moyens qu'ils avaient employés, ils me dirent :

» Nous lui avons donné deux coups sur la tête et un
dans l'estomac ; elle n'a pas dit grand'chose.

» Ils se rappelaient toujours le meurtre de Trannoye;
et ils me prièrent d'aller leur chercher une bêche pour
enfouir le cadavre qu'ils avaient laissé sur le bord du
sentier qui traverse la forêt. »

Telle est, dans sa naïveté cynique, dans son odieuse
crudité, la fable inventée par ce monstre.

Chose incroyable !

Il né paraît même pas se douter que, dans le système
de défense adopté par lui, sa responsabilité reste pleine
et entière : les faits avoués ainsi constituant la compli-
cité la mieux caractérisée.

XV

LA COUR D'ASSISES

L'instruction dura depuis la fin mai jusqu'à la fin janvier de l'année suivante.

Sept ans de crimes à compulser !

Dumollard persista constamment dans son attitude.

Rien ne put lui arracher un aveu.

Les demi-révélations de sa femme avaient suffi à la justice pour établir sa culpabilité d'une manière incontestable.

D'autre part, les nombreuses victimes échappées de ses mains attestaient la vie de ce misérable ; leurs déclarations, à défaut de preuves matérielles, auraient amplement suffi.

Mais nous savons que celles-ci ne firent point défaut.

Le 30 janvier 1860, s'ouvrirent les débats de cette affaire, restée fameuse, devant la cour d'assises de l'Ain.

Une foule immense se pressait aux abords de la salle d'audience.

Comme toujours, dans ces circonstances, il y eut beaucoup d'appelés, mais peu d'élus.

Lorsque Dumollard et sa femme furent introduits, un frémissement d'horreur et de dégoût les accueillit.

Rémond, impassible, presque railleur, tout au moins dédaigneux, s'assied sur le banc des accusés sans paraître remarquer l'impression que son entrée a produite sur l'assistance.

Sa femme, plus abattue, jette de tous côtés, à la dérobée, ses petits yeux mobiles et perçants. Une légère rougeur colore ses joues.

Après les formalités d'usage, le président procède à l'interrogatoire de l'accusé.

Le lecteur ne s'attend pas à ce que nous reproduisions *in extenso* ces débats fatigants.

Dumollard se retranche constamment derrière les hommes barbus, niant effrontément, repoussant énergiquement les témoignages les mieux constatés.

Il se défend de toute tentative criminelle sur Marie Pichon. Il prétend n'avoir point essayé de l'étrangler avec une corde. S'il a jeté ses bras autour de son cou, c'était pour l'effrayer, la faire fuir.

— Je ne voulais pas leur livrer cette fille, dit-il en faisant allusion à ses complices imaginaires ; c'est pourquoi je l'ai faite *en sauver*.

Le Président. — Mais alors pourquoi la poursuivez-vous quand elle fuit ?

Dumollard. — Je ne l'ai pas poursuivie.

Le Président. — Marie Pichon sera entendue, et messieurs les jurés apprécieront.

Dumollard. — Que voulez-vous ? ces malfaiteurs m'auraient fait un mauvais parti ; *ils* m'auraient tué.

Le Président. — Comment !... est-ce qu'ils vous avaient menacé ?

Dumollard. — Certainement. Je leur avais dit que je voulais me retirer d'eux ; ils m'ont dit alors : Prends garde ; si tu te retires, c'est pour nous vendre, nous ne le permettrons pas. Je ne savais de quel côté me tourner ; j'étais bien embarrassé.

Le Président. — C'est ainsi que vous expliquez le sentiment de commisération qui vous a porté à jeter les bras autour du cou de Marie Pichon. Vous ne vouliez, dites-vous, que l'effrayer ; et cela, pour la sauver.

Dumollard. — Mais certainement (1).

Immédiatement après sa tentative, Dumollard s'était empressé de brûler la malle et les effets de Marie Pichon afin de détruire toutes les pièces de conviction. Un rouleau de cretonne seul avait été sauvé par Marie-Anne. A ce propos le président interpelle l'accusé :

Le Président. — Pourquoi n'avez-vous pas fait brûler les effets de Marie Baday et des autres.

Dumollard. — C'était pour ne rien faire perdre aux parents des victimes.

De semblables audaces sont invraisemblables ; on est tenté de croire à une mystification du sténographe. Rien n'est plus exact cependant. Depuis le commencement jusqu'à la fin, le fauve conserve cette attitude gouailleuse; et cela avec une naïveté sinistre.

A propos du cadavre de Marie Baday, découvert par les chasseurs dans le bois de Montaverne, Dumollard ajoute une page nouvelle à l'histoire des hommes barbus.

A l'entendre, ce sont eux qui ont emmené la malheureuse.

« ...... Ils riaient beaucoup, dit-il ; tout le long de la route, ils me disaient :

» Si tu viens avec nous, nous nous amuserons bien.

____

(1) Cet extrait et ceux qui suivront sont pris dans le journal *le Droit.*

» Non, que je leur dis, je n'ai pas besoin d'amusement ; j'irai bien avec vous, mais je ne ferai rien.

» Les voilà donc tous les trois qui s'éloignent avec cette demoiselle ; j'étais bien loin de croire qu'il en pût résulter des choses comme celles qui sont arrivées.

» Je les ai attendus deux heures et demie et plus ; le temps me durait ; j'allais retourner chez nous, quand je les vis arriver. Ils n'étaient que deux.

» Qu'avez-vous fait de la fille ? leur dis-je.

» Nous l'avons conduite à un logement !

» Moi, je l'ai cru. Plus tard, un vigneron me dit :

» Il y a une fille qui a été assassinée.

» Ça m'a frappé, ça m'a même ennuyé toute la semaine.

» Huit jours après, ils (ce sont les inconnus) m'ont fait adresser un paquet d'effets. En les regardant, je leur dis :

» Tiens ! voilà une robe qui ressemble à celle de cette fille que vous avez emmenée de Lyon ?

» Bah ! qu'ils me disent, il y a plus d'une robe qui se ressemble.

» Je n'en sais pas plus long. »

Il explique la possession des objets volés en disant que les hommes barbus les lui ont donnés.

Il croit qu'*ils* faisaient la contrebande.

— J'allais avec *eux, bien à regret*, ajoute-t-il, ils me faisaient suivre pour surveiller, peut-être......

Passant en revue toutes les tentatives, tous les crimes

consommés et démontrés, le président rencontre toujours chez l'accusé les mêmes assertions.

Sa mémoire malheureusement le sert mal parfois ; et ses réponses se trouvent en contradiction avec ses déclarations précédentes.

Lorsqu'on lui fait remarquer cette non-concordance, il se récrie :

— C'est là une déposition qu'on a couchée sur le papier, tout au rebours de ce que j'ai raconté, dit-il.

Arrivé à la fille Bussod, il commente son récit précédent.

— .... Vous auriez donc enterré cette fille vivante, la croyant morte? nous voulons le croire, nous avons besoin de le croire ! s'écrie le président.

Dumollard.— C'est bien fâcheux, en effet.., Figurez-vous, que quand ils l'ont menée là, j'étais au moins à deux portées de fusil, je veux dire à deux kilomètres.

« Quand je les ai vus revenir seuls, ça m'a fait *freter* (frémir).

» J'étais même dans un grand ennui, je leur dis :

» Qu'en avez-vous fait ?...

» Elle nous a contrariés, me dirent-ils, voilà ce qu'elle y a gagné.

» Que vouliez-vous que je fisse, je vous le demande ? Devais-je courir le risque de me faire poignarder ?

» Je me suis piqué avec eux, et c'est à partir de ce moment que, comprenant qu'ils en faisaient un commerce, je me suis dit :

» Eh bien ! autant qu'ils en auront, autant que j'en ferai évader à l'avenir. »

Le premier assassinat commis remonte à 1855. Dumollard prétend cependant avoir fait connaissance des hommes barbus en 1853. Cette date donne carrière à toutes les suppositions; elle peut expliquer la provenance de quelques-uns des objets non reconnus, découverts par la justice au domicile de l'accusé.

« Après cet interrogatoire, ajoute *le Droit*, pendant lequel il a montré une impassibilité qui ferait douter de son intelligence, Dumollard va se placer à l'autre extrémité du banc.

» Il tire alors de sa poche un morceau de pain qu'il mange le plus tranquillement du monde ; puis il s'enveloppe les jambes avec son mouchoir pour se préserver du courant d'air dont il s'est plaint aux gendarmes.

» Cette attitude est bien conforme aux propos qu'il aurait tenus dans sa prison :

» On m'en donnera sans doute pour trois ans !

» Il voudrait faire passer la question subsidiaire de proxénétisme. Sur ce point, il fait bon marché de sa réputation.

» C'est lui qui, en apprenant, il y a quelques semaines, l'exécution d'un condamné à mort, s'écriait d'un ton convaincu :

« Oh ! pour celui-là, il faut reconnaître qu'il ne l'avait pas volé ! »

Marie-Anne Martinet, dont les demi-révélations

avaient été primitivement si utiles à la justice, se renferma, à l'audience, dans une réserve prudente et cauteleuse.

Ses réponses à double sens, les ambiguïtés calculées de ses paroles n'apportèrent aucune lumière nouvelle dans ces ténèbres épaisses.

Le défilé des témoins dura deux jours.

Les habitants de Dagneux et du hameau de Molard, mentionnés dans notre récit, signalèrent le mystère et le silence qui régnaient habituellement autour de la demeure de Martin.

La mauvaise renommée du ménage, l'humeur sombre et dissimulée de la femme, les courses nocturnes du mari, furent attestés par tous les voisins, Joly, Broque, veuve Berthet, Louis Cochet.

Pernoux, Fur, la femme Grandjean racontèrent les cris entendus par eux, le soir de l'assassinat de Marie Baday.

Après eux vinrent les jeunes filles qui avaient failli devenir les victimes de Dumollard, mais qui, saisies de frayeur, avaient été assez heureuses pour fuir.

La plupart ont été volées. Leurs effets, retrouvés chez Rémond, ont été reconnus par elles-mêmes et par leurs maîtres.

Olympe Alabert, Joséphine Charlety, Jeanne-Marie Bourgeois, Victorine Perrin, Rosalie Nicolas, Marie Michel déposent successivement.

L'incident le plus dramatique, le plus émouvant fut,

Le Lacet.

sans contredit, l'apparition des sœurs de l'infortunée Eulalie Bussod.

A plusieurs reprises, Joséphine fut obligée de s'arrêter: les pleurs la suffoquaient; ses paroles, entrecoupées de sanglots, étaient à peine saisissables.

La nécessité de la reconnaissance judiciaire à l'audience prolongea, d'une manière douloureuse pour la sœur d'Eulalie, cette scène déchirante.

Bien des yeux se remplirent de larmes à la vue des souffrances de cette femme de cœur, dont la sensibilité contrastait d'une manière si frappante avec l'impassibilité de l'assassin.

Après avoir entendu les nombreux témoins que leurs relations avec l'accusé ou ses victimes lient à cette odieuse affaire, le président ordonne d'introduire Marie Pichon, la dernière échappée de ses mains.

Le Droit raconte que le 30 janvier, pendant la suspension de l'audience, alors que Dumollard mangeait, avec une sorte d'avide sensualité, le morceau de pain de la prison auquel on avait ajouté une tranche de lard, la jeune Marie Pichon vint à passer près du banc des accusés, et d'un air ironique et futé dit à Martin, rassurée qu'elle était par la présence de deux vigoureux gendarmes:

— Bonjour, monsieur Dumollard !

L'accusé alors, tout en léchant ses doigts noirs :

— Ah ! mademoiselle, vous êtes bien heureuse que je vous ai fait fuir ; vous seriez tombée, comme les autres, entre les mains des hommes barbus.

Jusqu'au bout, Dumollard poursuivit son système avec une inexorable logique.

Devant les accablantes dépositions des témoins, il persista dans ses dénégations.

Parfois, seulement, exaspéré par l'unanimité des témoignages, il arrivait à la colère, à l'impertinence et à la critique des procédés de la justice.

Un des derniers témoins est la femme Caroline Izard, détenue à la maison d'arrêt de Trévoux, en même temps que Marie-Anne.

Cette dernière lui a dit :

« Il y en a encore deux qu'ils ne savent pas ! Une dans un bois près de chez nous. Ces ch..... en savent assez, ajoutait-elle en parlant des gens de la justice, ils n'en sauront pas plus. C'est comme où j'ai caché l'argent, je leur défends de le trouver.»

Caroline Izard affirme avoir entendu une conversation entre Dumollard et sa femme :

« Vieille coquine, disait le mari, que n'as-tu pas fait ? si j'en disais autant que toi, on te couperait le cou, comme à moi.

» Sois tranquille, répondait la femme, ces ch..... en savent assez, ils ne sauront plus rien. »

La liste étant épuisée, le président interroge de nouveau les deux époux sur les objets non reconnus, contenus dans les caisses déposées dans la salle d'audience.

Ni l'un ni l'autre ne voulurent donner d'éclaircissements à ce sujet.

Aussitôt après, la parole fut donnée à M. le procureur impérial Gaulot.

Son réquisitoire énergique, sans violence, finissait ainsi :

« Livrez donc ces deux accusés à la loi : l'une a été la complice de tous les vols et n'a rien ignoré ; l'autre a fait de l'assassinat une habitude, presque une profession. Sa vie entière n'a été qu'un long outrage à toutes les lois divines et humaines.

» Il s'est plongé dans toutes les infamies ;

» Il a souillé des cadavres ;

» Il n'a même pas éprouvé le besoin de faire une halte dans le sang.

» Non, jamais châtiment ne pourra se mesurer sur ses forfaits. »

Mᵉ Lardière, défenseur de Dumollard, ne voulut pas même mentionner la fable ridicule à l'aide de laquelle l'accusé espérait excuser ses forfaits.

Il fit de Martin une brute inconsciente et irresponsable.

Il termina par une éloquente paraphrase de cette sublime plaidoirie contre la peine de mort, qui s'appelle *le Dernier Jour d'un condamné*.

Mᵉ Villeneuve plaida la domination du mari sur Marie-Anne Martinet.

Après deux heures de délibération, le jury rentra avec un verdict affirmatif à l'égard de Dumollard, sans circonstances atténuantes, et un verdict affirmatif à l'égard de sa femme, mais en reçonnaissant pour elle des circonstances atténuantes.

Martin fut condamné à la peine de mort ;

Marie-Anne Martinet à vingt années de travaux forcés, et aux frais du procès.

XVI

EXÉCUTION

Le pourvoi de Dumollard fut rejeté.

L'arrêt de la cour portait que l'exécution aurait lieu sur l'une des places publiques de Montluel.

Les populations environnantes attendaient avec une fiévreuse impatience le dernier acte de cette sanglante tragédie.

Enfin le jour de ce qu'on est convenu d'appeler une *expiation* fut fixé.

Ici laissons la parole à un témoin oculaire. Ajoutons, cependant, que les détails ci-dessous sont confirmés par les narrations de tous les journaux de l'époque.

Voici le récit publié par *le Courrier de Lyon* :

« Dans la nuit du vendredi 6 au samedi 7 mars, la population de Montluel s'était accrue de plus de moitié. Six mille curieux, pour le moins, s'y étaient donné rendez-vous pour voir tomber la tête du fameux assassin des servantes.

» Dès le coucher du soleil, on rencontrait, le long des routes et des chemins vicinaux, venant de Lyon, de Bourg, de Dagneux, de Ballan, des quatre points cardinaux, des groupes d'ouvriers et de paysans.

» On ne chantait pas trop pendant la route (le lecteur se souviendra peut-être des chansons qui égayèrent la fameuse excursion de Saint-Cyr) : la foule était presque recueillie.

» La majorité des gens qui allaient à la lugubre fête habitent les environs du pays où tant de crimes ont été consommés. Aussi, bon nombre d'entre eux exprimaient-ils l'horreur que leur inspirait la triste célébrité désormais attachée à Montluel.

» Vers le milieu de la nuit, les voitures prenaient la file le long de la rue tortueuse et boueuse qui sépare en deux quartiers la petite ville.

» L'échafaud s'élevait déjà sur la place, dont les proportions restreintes ne paraissaient pas pouvoir donner satisfaction à la sanglante curiosité de tant de spectateurs. On se pressait autour de la sanglante machine ; à la lueur des torches, les exécuteurs faisaient jouer le couperet dans les rainures des montants: sinistre expérience, qui impressionnait la foule, peut-être au même degré que l'exécution elle-même.

» A minuit, il était impossible de trouver un lit dans toute l'agglomération de Montluel.

» Je pourrais citer tel de nos compatriotes bien connu, qui, prenant son parti, dormait sur une botte de paille, dans le coin d'une écurie, et presque sous les pieds des chevaux.

» Bien des gens, moins heureux ou moins philosophes, parcouraient la ville et se dirigeaient vers Chalamont. Ils allaient à la rencontre du condamné.

» Dumollard est entré à Montluel à quatre heures du matin.

» Il était dans une lourde et vaste berline, escortée de plusieurs brigades de gendarmes. M. Berould, vicaire de Notre-Dame de Bourg, lui prodiguait, pendant le voyage, les exhortations religieuses, et tentait, avec une douceur et un zèle qui ne se sont pas démentis un instant, d'amollir cette étrange nature.

» C'est dans la matinée de vendredi que le condamné avait reçu avis de son exécution prochaine.

» — Je m'y attendais bien, dit il; du reste, mieux vaut maintenant que plus tard payer cette *échéiance*.

» En plusieurs circonsconstances, depuis ce moment, il a exprimé cette même idée.

» Son impassibilité ne devait pas l'abandonner.

» Sur les instances réitérées du vénérable M. Berould, il voulut bien se réconcilier avec sa femme, qu'il accusait de l'avoir volontairement perdu.

» On réunit ces étranges époux, qui soupèrent ensemble (funèbre souper !); et causèrent longuement.

» Marie-Anne Martinet se montrait fort émue ; vers la fin du repas, elle se prit à sangloter, et embrassa son mari avec les marques de la plus vive douleur.

» Dumollard, lui, ne partageait nullement cette émotion.

» —Eh bien! c'est bon, adieu!... répétait-il à sa femme au moment de la séparation, comme s'il n'eût été question que d'une absence momentanée.

» Pendant le trajet de Bourg à Montluel, il conserva ce sang-froid extraordinaire, qui ne s'explique nullement, pas même, comme on l'a prétendu, par l'absence de sens moral.

» Il causait avec les gendarmes, examinait de temps à autre le pays que traversait la voiture, affirmant que ce chemin lui était bien connu.

» A Chalamont, on s'arrêta dix minutes pour relayer. Malgré les efforts des gendarmes, groupés autour du condamné, les habitants vinrent avec des lanternes considérer ce criminel fameux. Plusieurs même l'interpellèrent ; il répondit presque en raillant, et fit remarquer quelle singulière chose c'était de voir toute une population se presser sur le passage d'un malheureux prêt à subir sa peine.

» Arrivé à Montluel, il a été conduit à la mairie, où s'étaient déjà réunis les magistrats et les médecins.

» Là, ayant à cœur de remplir sa mission douloureuse, se trouvait M. l'abbé Carrel, curé de la paroisse.

» Dumollard a d'abord témoigné le désir de se chauffer les pieds (on se rappelle qu'à l'audience c'était déjà sa grande préoccupation); puis, jetant un long regard sur l'assistance, il y a découvert et reconnu le digne pasteur accouru de lui-même pour le soutenir et le disposer à une fin chrétienne.

» Retirés dans une chambre attenante à la pièce principale, le prêtre et le condamné ont eu un long entretien, entretien suprême, qui, sans doute, a fait un peu de lumière sur ces épaisses ténèbres. Je dis un peu de lumière, car une demi-heure avant l'exécution, le respectable curé, ému et prononçant à l'oreille du coupable de pieuses et solennelles paroles, lui montrait l'heure et tâchait d'élever une barrière infranchissable entre ce malheureux et les idées de cupidité qui l'assaillaient encore.

» Alors, ou du moins peu de temps avant, il s'informait, avec beaucoup d'intérêt, de ce qu'étaient devenus ses biens et à quel prix avaient été vendus les objets qu'il avait possédés.

» Il s'en ouvrait avec une effrayante, une horrible naïveté, à M. Guillot, commis-greffier du tribunal de Trévoux. Ce fonctionnaire avait eu pour lui, pendant sa longue captivité, des soins qui avaient paru le toucher. A la vue de cet excellent homme, ce cœur de pierre s'est attendri ; le condamné a répandu d'abondantes larmes.

» Il s'est entretenu avec M. Guillot de diverses affaires d'intérêt, lui rappelant notamment qu'une veuve B..., de Dagneux, lui redevait encore quarante-sept ou quarante-huit francs pour plusieurs journées de vigne. A ce propos même, il est entré dans de minutieuses explications, indiquant le détail de sa créance, et faisant comprendre que si la seconde façon donnée à la vigne de la veuve

B....., était moins coûteuse que la première, c'est qu'elle exigeait moins de soins et de labeurs. Du reste, il chargeait M. Guillot de régler ce petit compte.

» A diverses reprises, MM. les magistrats l'ont sollicité de faire de nouveaux aveux.

» Dumollard a d'abord répondu qu'il avait dit tout ce qu'il savait, et que, d'ailleurs, il payait pour les autres. M. le juge de paix lui a manifesté l'intention formelle de faire exécuter dans sa vigne des fouilles minutieuses.

» Ces paroles ont produit sur lui quelque effet, et, s'il n'a rien avoué, du moins a-t-il laissé supposer quelque chose.

» Voici, du reste, si je ne me trompe, sa réponse à peu près textuelle :

» Cette vigne n'a pas toujours été à moi. Je l'ai achetée, et j'en ai bien miné le milieu. Il n'y avait rien, bien sûr. Quant aux deux bouts, je n'y ai pas touché ; je ne peux pas savoir si on y a mis quelque chose.

» Ce semblant de restriction présente une certaine gravité ; et je ne doute pas que la justice n'y prête une sérieuse attention.

» En ces pénibles circonstances, les magistrats ont fait l'impossible pour obtenir de lui des révélations plus complètes. Le malheureux, laissant échapper un geste d'impatience, a fini par s'écrier :

» Vous me tourmenteriez vingt ans, que je ne vous dirais rien de plus ; voilà tout !

» Ses forces ne le trahissaient pas, et son impassibilité

offrait le caractère presque bestial qu'elle a présenté depuis son arrestation et pendant les débats.

» MM. les docteurs Chiarra et Gomier, si je ne fais erreur, ont vainement cherché à découvrir en lui quelques indices d'émotion.

» Son pouls, quelque peu fréquent, battait cent pulsations : ce qui n'avait rien d'anormal, après une nuit d'insommie et un voyage assez long. Plusieurs personnes présentes se sont obligeamment prêtées à la comparaison. En raison de la légère émotion qu'éprouvent les témoins de ces lugubres scènes, la moyenne des pulsations était de quatre-vingt-sept.

» Du reste, chez le condamné, rien que de parfaitement régulier, pas même de tressaillements.

» J'insiste sur ces détails physiologiques parce qu'ils doivent faire comprendre ce qu'était cette nature en dehors de la nature.

» Il a pris du café, et il l'a trouvé bon ; puis il a continué de répondre aux questions des magistrats et aux sollicitations des deux prêtres assis à ses côtés.

» Il a reconnu et salué très-affectueusement M. Rudigoz, premier adjoint de Montluel, pour lequel les habitants ont tant d'estime et de sympathie.

» L'heure s'écoulait : il a fallu procéder à la fatale toilette. Le condamné a lui-même enlevé sa blouse, et s'est remis, toujours calme, aux mains des exécuteurs.

» Pendant cette rapide opération, il n'a pas fait un geste, ni prononcé une parole.

» Dès lors cependant les assistants ont pu remarquer chez lui une sorte d'affaissement. Quand il a franchi la porte de la chambre où il venait de passer ses derniers instants, le misérable a paru pris de vertige. Pourtant il avait refusé de monter en voiture pour aller à l'échafaud.

» Au sortir de la mairie, sa démarche est devenue plus ferme ; il a parcouru, sans faiblir, une distance d'environ cent cinquante mètres.

» A travers les ruelles étroites, la foule se précipitait sur les traces de cet homme malingre, chétif, à l'aspect souffreteux, qui, depuis si longtemps déjà, passionnait la curiosité publique.

» Des milliers de têtes se penchaient pour le voir passer, petit, à demi courbé, les yeux éteints, le visage livide, suivant les exécuteurs avec la docilité d'un automate, et sans doute n'ayant guère plus conscience de ses actes.

» Arrivé à la plate-forme de l'échafaud, il n'a regardé personne, n'a fait aucun mouvement, n'a pas même remué les lèvres.

» Quelques secondes après, ce bruit sec qui fait fléchir les genoux et courir dans les masses un rapide frisson, annonçait que c'en était fait de cette existence à laquelle avait manqué le souffle divin.

» La tête du supplicié a été recueillie et emportée par l'un des médecins présents sur le théâtre de l'exécution.

» Le corps, précipité dans le tombereau, a été immédiatement inhumé dans le coin du cimetière ordinairement réservé aux criminels. »

Nous ne voulons pas abuser des arguments que l'attitude de cet homme, marchant au supplice, pourrait fournir contre les partisans de la peine de mort.

Que nos lecteurs, après avoir parcouru ces pages, s'interrogent de bonne foi.

L'échafaud, qui peut occasionner d'*irréparables* erreurs judiciaires, n'est pas même une punition pour beaucoup de criminels.

Est-il un salutaire exemple ?

Demandez à nos législateurs pourquoi, chaque jour, ils cachent de plus en plus leur machine aux bras rouges.

A Paris, aujourd'hui, la peine de mort est appliquée dans un coin isolé, loin du monde, à une heure indue.

Est-ce donc pour faire peur aux autres que le bourreau prend toutes les précautions imaginables pour éloigner la foule ? Non.

Il a honte ; il sent que la *vindicte* publique, l'*exemple* sont de vieux mots vides de sens, qu'il est temps de reléguer dans les magasins de rebut où dorment la roue, les tenailles, le bûcher, le carcan, la marque, instruments de tortures logiques, et qu'il faut redemander à grands cris, si la société a réellement le droit de se venger.

Instruire c'est réprimer.

Plus d'échafauds ; moins de prisons : des écoles !... des écoles !...

L'exposé de la situation de l'empire de 1864 établissait que de 1847 à 1860, le nombre des élèves s'était accru d'un million, et que, parallèlement, la criminalité s'était réduite de quarante-sept et demi pour cent.

Voilà l'exemple à suivre, le moyen à employer.

Mieux vaut encore prévenir que punir.

FIN DE DUMOLLARD.

Nous allons publier le procès de la reine

CAROLINE DE BRUNSWICK
Par ALEXANDRE DUMAS

Nous publierons ensuite le procès du

CURÉ RIEMBAUER
FORNICATEUR, FAUSSAIRE, ASSASSIN, EMPOISONNEUR

PAR ALFRED DE BOUGY
Bibliothécaire de l'Université de France, membre de la Société des Gens de Lettres, Chévalier de plusieurs ordres.

Le curé Riembauer, surnommé le Mingrat allemand, fut accusé d'avoir rendu mère cinq cuisinières ; d'avoir assassiné, en lui coupant le cou avec un rasoir, la nommée Anne-Marie ; d'avoir escroqué **5,000** francs ; d'avoir fait plusieurs faux ; d'avoir empoisonné la mère et la fille ; d'avoir *fait avorter deux femmes*, etc., etc.

LES
GRANDS DRAMES
DE LA
COUR D'ASSISES

10 cent. LA BROCHURE DE **32 pages illustrées.**

Chaque cause est confiée à l'écrivain que sa notoriété et son tempérament littéraire semblent désigner au rédacteur en chef et aux propriétaires de l'ouvrage.

Ajoutons que le titre : *les Grands Drames de la Cour d'Assises* ne saurait exclure les procès en police correctionnelle d'un véritable intérêt.

Enfin l'esprit qui anime cette œuvre collective est d'un esprit impartial, éclairé par les opinions les plus libérales, les seules qui puissent concourir à la recherche de la vérité.

Quant à la partie matérielle, l'éditeur croit devoir répondre aux objections qui lui sont faites :

« Comment, lui dit-on, pouvez-vous vendre 32 pages *inédites, illustrées de gravures* également inédites et élégamment brochées, pour 10 CENTIMES, et servir cette publication pour 6 francs 50 centimes par an, malgré les frais de poste ? »

A cela l'éditeur répond qu'il a obtenu un rabais notable : 1° en faisant tout faire, papier, gravure, clichés, etc., en grande quantité ; — 2° qu'il s'est adressé à l'une des premières imprimeries de Paris, l'imprimerie Morris, qui possède une machine capable de tirer en un seul jour 10,000 volumes de 300 pages avec le même personnel que pour une machine ordinaire. On comprend qu'en tirant un nombre considérable d'exemplaires de chaque brochure, les frais généraux se trouvent tellement diminués qu'il soit possible de donner 32 PAGES ILLUSTRÉES et brochées pour 10 CENTIMES. Voilà tout le secret.

On peut s'abonner pour un an, moyennant 5 francs 50 centimes pour Paris, et recevoir l'ouvrage, soit par brochure de 32 pages, chaque samedi, soit par volume de 300 pages tous les deux mois (6 francs 50 centimes pour les départements).

Cette Collection sera la plus belle, parce qu'elle est très-bien imprimée sur papier glacé ; elle sera la mieux rédigée, parce qu'elle est écrite par nos meilleurs auteurs et les plus compétents ; elle sera la mieux illustrée, parce que toutes nos gravures sont inédites et exécutées par nos meilleurs artistes ; elle sera la plus intéressante, parce que les auteurs ne prennent leurs renseignements et leurs notes qu'à des sources certaines ; elle sera la plus portative et la plus facile à consulter, grâce à son format commode et à son impression, très-facile à lire ; elle sera la plus complète en raison du soin que nous y apportons et des renseignements spéciaux que nous possédons ; et enfin elle sera LE MEILLEUR MARCHÉ, grâce à son prix. C'est le dernier mot de la librairie à bon marché et réunissant *quand même* toutes les conditions d'un bon et bel ouvrage.

Toutes les lettres et envois d'argent doivent être adressés à M. l'administrateur des *Grands Drames de la Cour d'Assises*, rue des Noyers, 49, boulevard Saint-Germain, à Paris.

Collection
FAYARD, à **10** centimes la brochure
de 32 pages illustrées

LE CURÉ
DELACOLLONGE

PAR

DE LA BRUGÈRE

DE LA BRUYÈRE

ou

DELACULONGE

LE GUEUX

LES
GRANDS DRAMES
ET LA
COUR D'ASSISES

PRIX DE L'ABONNEMENT

PARIS

1 an : 52 numéros (formant 8 volumes de 300 p.)   5 fr.
6 mois : 26 numéros (formant 4 volumes)   3

DÉPARTEMENTS

1 an : 52 numéros (formant 8 volumes de 300 p.)   6 fr.
6 mois : 26 numéros (formant 4 volumes)   3

Pour s'abonner, envoyer un mandat-poste ou des
timbres-poste à M. [illegible], directeur, aux
bureaux de la Cour d'Assises, 19, rue d'Aboukir,
Paris.

LE CURÉ
DE LACOLLONGE

par

DE LA BRUGÈRE

Collection
FAYARD, à
10
centimes la brochure
de 32 pages illustrées
LE CRIME DE L'ABBÉ
ROUBIGNAC
Horribles tortures. — Atroces voluptés.

LES

GRANDS DRAMES

DE LA

COUR D'ASSISES

PRIX DE L'ABONNEMENT

PARIS

Un an : 52 n⁰ˢ formant 6 *volumes* de 300 p. **5 50**
Six mois : 26 numéros formant 3 *volumes*. **3 »**

DÉPARTEMENTS

Un an : 52 n⁰ˢ formant 6 *volumes* de 300 p. **6 50**
Six mois : 26 numéros formant 3 *volumes*. **3 50**

Pour s'abonner, envoyer un mandat-poste ou des timbres-poste à M. l'Administrateur des *Grands Drames de la Cour d'Assises*, 49, rue des Noyers, à Paris.